Potsdam Kalender
Friedrichs des Großen

1. Auflage, Mai 2011
©: BHV *Berlin historica* Verlags- und Agenturgesellschaft mbH, Berlin
info@berlin-historica.de - www.berlin-historica.de

Umschlaggestaltung, Layout: Christine Faust

ISBN 978-3-939 929-16-1
€ 19,80

Olaf Kappelt

Potsdam Kalender Friedrichs des Großen

für das Jubiläumsjahr anno 2011

Trilogie Kalendarium Fridericianum
Band 2

Vita des Autors Olaf Kappelt

Seit vielen Jahren lebt er vom Lesen, Schreiben und Erzählen. Erfolgreich arbeitet er als freiberuflicher Künstler und Historiendarsteller in Berlin und Potsdam, insbesondere als Darsteller Friedrichs des Großen. Mit szenischen Lesungen, Tafelrunden und unterhaltsamen Stadtführungen begeistert er sein Publikum. Spielerisch schlüpft er nahezu täglich in die Rolle des legendären Preußenkönigs und verzaubert eindrucksvoll und lebendig sein Publikum. Im Urteil von TOP-Guide Berlin gilt das von ihm produzierte hochwertige Kulturprodukt als die "ungewöhnlichste Sightseeing-Tour der Welt!" Gewürdigt von Bundeskanzler Gerhard Schröder und dem Bundestagspräsidenten finden seine Auftritte als "Friedrich der Große" nationale und internationale Beachtung.

Olaf Kappelt ist Gründungsmitglied von QUO VADIS, dem Autorenkreis für den historischen Roman und gehört dem Verband deutscher Schriftsteller (VS) an. Geboren wurde er 1953 südöstlich von Berlin in Altdöbern, aufgewachsen ist er im östlichen Westfalen im ehemals preußischen Staatsbad Oeynhausen. Vorfahren mütterlicherseits standen einstmals in königlich-preußischen Diensten. Seit seiner Kindheit befasste er sich mit der brandenburgischen Landesgeschichte.

Von 1975 bis 1978 studierte er an der Fachhochschule Bielefeld Sozialwesen. Sein Berufspraktikum absolvierte er in der Kreisverwaltung Minden-Lübbecke. Anschließend erfolgte seine staatliche Anerkennung als Diplom-Sozialarbeiter durch den Regierungspräsidenten in Detmold. Zwischen 1976 bis 1983 engagierte er sich im Rahmen der europäischen Jugendbewegung sowie als Initiator und Leiter des Brüsewitz-Zentrums zur Förderung der Bürgerrechtsbewegung in der DDR. Erste Buchveröffentlichungen bescherten ihm 1981 und 1987 die persönliche Verfolgung durch DDR-Staatssicherheitsminister Erich Mielke, der ihn zum Staatsfeind erklärte und durch eine Sondereinheit auszuschalten trachtete. Seine wissenschaftliche Ausbildung mit Magister-Examen und Promotion zum Doktor der Philosophie erfolgte in Würzburg an der Julius-Maximilians-Universität. Seine Studienfächer waren Soziologie, Staatsrecht und Kirchengeschichte. Zur Finanzierung seines Studiums betätigte er sich im Bereich der Tourismuswirtschaft an der Romantischen Straße. In Rothenburg ob der Tauber leitete er mehrere Hotelbetriebe und versuchte das marode mittelalterliche Hotel Bären zu sanieren. Zuvor war er als Kommunalgeschäftsführer in Bremerhaven tätig. Im Herbst 2000 zog es ihn zurück zu den Wurzeln seiner Familie nach Berlin. Erreichbar ist der Autor unter: www.koenig-friedrich.de .

Inhaltsverzeichnis

Vorwort

Sanssouci war der Lieblingsaufenthalt Friedrichs des Großen. Seine Spuren sind von Potsdam nicht mehr wegzudenken. Leben und Tod dieses Preußenherrschers sind mit Potsdam untrennbar verbunden. Viele persönliche Lebensdaten verbinden den König mit Potsdam. Derzeit wird das Potsdamer Stadtschloss im äußeren Erscheinungsbild neu errichtet und soll zukünftig als Landtagssitz dem Volkssouverän geweiht werden. Einstmals hatte Friedrich das Stadtschloss zum Glanzlicht des Rokokos ausgebaut. Wesentliche Teile des Gebäudes gingen auf seine Entwurfszeichnungen zurück. Vor nunmehr genau 260 Jahren konnte Friedrich die Renovierung und Neueinweihung feiern.

Dieses einzigartige Kalenderwerk erscheint 225 Jahre, nachdem Friedrich der Große in Potsdam in seinem kleinen Refugium Sanssouci verstarb. Erstellt wurde dieser Jubiläumskalender unter Verwendung sämtlicher persönlicher Aufzeichnungen des legendären Herrschers. Es ist somit keine fiktive Kalender-Geschichte über Friedrich den Großen, sondern die Kalenderdaten basieren auf den eigenhändigen Angaben Friedrichs II., unter Hinzuziehung der persönlichen Anmerkungen seiner Hofchronisten und den Aufzeichnungen seiner Zeitgenossen. Diesen Datenfundus des Königs hat der Autor bezogen auf die Jubiläumsdaten für das Jahr 2011 eingehend ausgewertet. Die daraus entstandenen kurzweiligen autobiografischen Kalenderdaten werden in einem dreibändigen Werk veröffentlicht. Auf der Rückseite des Buches findet der Leser den Buchstaben „P“. Er steht für Potsdam, denn auch Friedrich ließ auf den Einband seiner Bücher im Potsdamer Stadtschloss dieses Signum hinzufügen. Band 1 behandelt die Lebensdaten in Bezug auf Berlin, Band 2 bezieht sich auf Potsdam und Band 3 ist seinen Reiseaufenthalten gewidmet. In den nächsten Jahren sollen weitere Kalenderbände folgen.

Das Besondere an dem literarischen Kalenderwerk ist, das der Autor sich spielerisch in die Rolle des Königs begibt und aus der Retrospektive eine Identität zwischen Autor und Erzähler schafft. So verschmelzen Autor und König. Es ergibt sich eine lesenswerte Mischung aus Geschichte und Literatur, die der Autor lebendig in der Ich-Form präsentiert. Dabei wird keine Märchenstunde mit Friedrich gehalten, sondern diese Form der Erzählung setzt in Verbindung mit eigenen Elementen des Autors einen hohen Objektivitätsanspruch voraus. Selbstverständlich erhebt das Werk nicht den Anspruch auf Vollständigkeit. Weitere biografische Hinweise über Friedrich von Preußen aus der Leserschaft sind immer sehr willkommen.

Wer mit dem Autor persönlich in Verbindung treten möchte, der kann dies gerne tun. Unter der E-Mail-Anschrift

contact@koenig-friedrich.de

ist dies jederzeit möglich. Ebenso erscheint der Autor gerne zu einer Lesung und schlüpft auf Wunsch in die Original-Verkleidung von König Friedrich.

Potsdam, Frühjahr 2011

Friedrich der Große:
Mit besten Grüßen aus Potsdam

Anno 2011

...299 Jahre nach meiner Geburt

...271 Jahre nach meiner Thronbesteigung

...265 Jahre nach der ersten Weintraubenernte in Sanssouci

...260 Jahre nach der Renovierung und Neueinweihung des Potsdamer Stadtschlosses und der Rückkehr des Philosophen Voltaire nach Potsdam

...255 Jahre nach der Tafelrunde mit dem französischen Herzogs Nivernais im Potsdamer Stadtschloss und meinem legendären Befehl zum Anbau der Kartoffeln in Preußen

...240 Jahre nach dem Potsdam-Besuch des schwedischen Königs und meiner Schwester Ulrike

...235 Jahre nach dem Besuch des russischen Thronfolgers Paul in Potsdam

...230 Jahre nachdem ich mit Friedrich Anton von Heinitz, dem Begründer der Bergakademie Freiberg, in Potsdam einen Generalplan zur Neuordnung des Berg- und Hüttenwesens entwickelte

...225 Jahre nachdem mich der französische Schriftsteller Mirabeau in Potsdam besuchte und ich in Potsdam-Sanssouci verstarb

Der Januar
- lateinisch Januarius und altdeutsch Hartung

Der Januar galt zu meinen Lebzeiten als der Monat, wo wir möglichst in unseren Schlössern angenehm die kalten Tage und Nächte zu überstehen bestrebt waren. Unsere Schlösser und Gärten lagen zumeist in Schnee und Eis, alles schien vom Winterschlaf befallen. Mein Lustschloss Sanssouci hatte ich verlassen und Quartier bezogen im Potsdamer Stadtschloss, wo ich manchen Januartag genießen konnte.

Oftmals zog es mich aber gleichsam zur Hofgesellschaft ins winterfeste Stadtschloss nach Berlin. Damals gab es noch große Heizprobleme, teilweise wärmten wir uns am Kerzenlicht auf. Es gab Leute wie Voltaire, die deshalb jede Gelegenheit ergriffen, um Kerzen aus den Schlössern mitzunehmen, um sich des Nachts entsprechend aufwärmen zu können. Dadurch machte er sich bei mir natürlich nicht unbedingt beliebt. Denn er war da keineswegs bescheiden, sein Kerzenverbrauch war enorm.

Zur Förderung der Gesundheit rieten die Ärzte mir im Januar oftmals den Aderlass. Deshalb nannten sie diesen Monat „Lassmonat“. Doch für mich waren die Ratschläge meiner Ärzte zweitrangig. Der Leibkoch ward mir wichtiger als der Leibarzt.

Im Januar standen nicht nur deftige Speisen auf den Küchenzetteln meiner Hofköche. Vom Acker kamen Weiß- und Rotkohl, Wurzelgemüse und rote Bete. Denn nach den Schlemmertagen mit den reichlichen Festessen galt es, leicht Bekömmliches serviert zu bekommen. Doch aufgrund der Familien- und Staatsfeiertage und der kalten Jahreszeit wegen war der Januar ausgesprochen reich an Festtafeln. Es wurden am 18. Januar meistens der Gründungstag Preußens und der Geburtstag meines Bruders Heinrich feierlich begangen, sowie gleichsam sechs Tage später mein Geburtstag. Damit waren immer Konzerte, Opern und üppige Tafelrunden verbunden.

Graf Mirabeau weilte mehrfach zur Audienz in Potsdam

Januar-Geschichte:

Potsdam, 25. Januar anno 1786 vor 225 Jahren:

Mirabeau zu Besuch bei mir in Potsdam

Ein zweifelhafter Ruf eilte dem französischen Lebemann Graf Mirabeau voraus. Doch als Diplomat und Schriftsteller gelang es ihm, meine königliche Aufmerksamkeit zu gewinnen. Aus Paris kommend weilte er in Berlin. Obwohl ich durch Krankheit schwer geschwächt war und gleichsam rätselte, was der Zweck der Reise des Herrn Mirabeau sei, gewährte ich ihm Audienz. Zwischen ihm und mir gingen sieben Briefe hin und her und er empfing zwei königliche Billetts. Trotz meines anfänglichen Misstrauens gegenüber dem unerwarteten französischen Besucher gewährte ich ihm in Potsdam erstmalig am 25. Januar eine Audienz. Wertvolle Gespräche durften wir führen. So rückte er mir das

Leben wieder näher an mich heran, obwohl ich deutlich spürte, dass es mit mir zu Ende gehen wird.

Der Comte de Mirabeau ward in geheimer Mission in Berlin und er hatte den Auftrag seiner Regierung, die Lage zu sondieren, die bei meinem Tode entstehen würde. Ich ahnte, dass es ein geheimer politischer Zweck sein musste, der Mirabeau veranlasste, zu mir zu kommen. Ich fragte ihn dann auch ausdrücklich nach dem Zweck seiner Reise, aber er antwortete mir sehr ausweichend. Noch im April erschien er ein zweites Mal. Im Mai tauchte er erneut auf.

Die zweite Audienz, die ich Mirabeau gewährte, fand am 16. April im Potsdamer Stadtschloss statt. Tags zuvor erhielt er meine Einladung, von Berlin aus zu mir zu kommen. Ich schickte wegen der vorgesehenen Audienz meinen Vorleser nach Hause, um etwas länger schlafen zu können und um gestärkt in das Gespräch mit Mirabeau gehen zu können. Trotz der eingelegten Ruhephase empfing ich ihn sehr gezeichnet von meiner schweren Krankheit. Leider ließ sich mein angegriffener Gesundheitszustand vor Mirabeau nicht verbergen. Ich bekam kaum Luft und es fiel mir schwer, zu sprechen. So wurde die Unterredung etwas abgekürzt. Dennoch begegnete ich dem Gast aus Frankreich mit großem Interesse und führte sehr angenehme Gespräche mit ihm.

Auf seine Frage hin, warum ich nicht stärker an der grandiosen Entwicklung der deutschen Literatur teilnahm, antwortete ich ihm, ich wollte die deutschen Schriftsteller wirken lassen, mehr könnte ich für sie nicht tun. Indem ich sie machen ließ, werde die Blüte der deutschen Literatur nicht aus Fürstengnade erwachsen, sondern ginge mit der Emanzipation des Bürgertums einher.

Von meinem gesundheitlichen Niedergang seit seinem Januar-Besuch ward Mirabeau sehr erschrocken. Er reiste noch am selbigen Abend ab, zumal auch sein Herr Papa im fernen Frankreich schwer erkrankte. Doch seine Pariser Auftraggeber schickten ihn schon baldigst ein drittes Mal nach Preußen. Der Generalkontrolleur Calonne befand: Keine persönlichen Schwachheiten - Zurück nach Berlin! Der König war im Sterben begriffen. Ein neuer König wird zur Regierung kommen, dies war natürlich von höchster Wichtigkeit für Frankreich. Und der arme Mirabeau musste erneut nach Berlin gehen. Der französische Finanzminister Calonne bedachte Mirabeau zwar reichlich mit Geld, aber ohne jede andere Ausstattung. Da ward er mehr in der Rolle eines Zeitungsgeiers, als eines diplomatischen Gesandten und wurde so zum Zaungast meines Todes.

Sonnabend, 1. Januar 2011 *Vor 265 Jahren anno 1746* fiel der Neujahrstag gleichsam auf einen Sonnabend. Die zurückliegenden Weihnachtstage hatte ich noch in Dresden gefeiert. Vor vier Tagen kehrte ich nach Berlin zurück und entfloh noch gestern den dortigen Jubelfeierlichkeiten, um in Ruhe in Potsdam den Übergang ins neue Jahr zu begehen. Nun am Neujahrstag verharrte ich im **Potsdamer Stadtschloss** und kehrte erst am Donnerstag wieder nach Berlin zurück. Heute erhielt ich Besuch von meinem Baumeister ***Georg Wenzelslaus von Knobelsdorff***.

Sonntag, 2. Januar 2011 *Vor 265 Jahren anno 1746* ward dies gleichsam ein Sonntag. Ich weilte an diesem Tage im **Potsdamer Stadtschloss**.

Montag, 3. Januar 2011 *Vor 225 Jahren anno 1786* ward dies ein Dienstag. Mir geht es gesundheitlich sehr schlecht, deshalb verblieb ich dieses Jahr in Potsdam und hatte mich nicht wie sonst üblich über die Festtage nach Berlin begeben.

Dienstag, 4. Januar 2011 *Vor 235 Jahren anno 1776* ward dies ein Donnerstag und ich weilte in Potsdam. Heute hatte ich zu mir den Großkanzler ***Carl Joseph Maximilian Fürst von Kupferberg*** und den Justizminister ***Johann Heinrich Casimir von Carmer*** einbestellt, um in meiner Gegenwart ihre ganz entgegengesetzten Meinungen über die **Verbesserung der Justizverfassung** vorzutragen. Da diese Konferenz zu keiner Vereinigung führte, befahl ich „mündlich und mittelst Kabinetsordre von demselben Tag, daß von Fürst und von Carmer den Kammergerichts-Präsidenten ***von Nebeur*** als dritten Commissarius hinzuziehen, mit ihm die Conferenz über diesen Gegenstand fortsetzen und“ mir „darüber weiter“ ausführlich „berichten sollten.“

Mittwoch, 5. Januar 2011 *Vor 225 Jahren anno 1786* ward dieser Tag ein Donnerstag. Ich befand mich in Potsdam.

Donnerstag, 6. Januar 2011 *Vor 265 Jahren anno 1746* ward der heutige Tag der Heiligen Drei Könige auch ein Donnerstag. Vormittags empfing ich in Potsdam meinen Schwager Herzog ***Karl*** und meine Schwester ***Herzogin Charlotte von Braunschweig*** mit ihrer Tochter, der achtjährigen Prinzessin ***Karoline***, anschließend gingen wir gemeinsam nach Berlin.

Freitag, 7. Januar 2011 *Vor 255 Jahren anno 1756* ward dies ein Mittwoch, an dem ich in Potsdam weilte.

Sonnabend, 8. Januar 2011 *Vor 255 Jahren anno 1756* ward dies ein Donnerstag und ich residierte in Potsdam. Aber noch im Verlauf selbigen Tages begab ich mich nach Berlin, um dort die Probe von Grauns Oper „Fratelli nemici“ zu besehen. Diese „tragedia per musica“ von ***Carl Heinrich Graun*** bestand aus drei Akten.

Sonntag, 9. Januar 2011 *Vor 225 Jahren anno 1786* ward dieser Tag ein Montag. Ich befasste mich heute in Potsdam mit „der **Lebensgeschichte des Prinzen Condé**“, sie stellte die nächsten 12 Tage meine Literatur dar, die mir der Vorleser näher brachte. „Le Grand Condé“ galt als einer der bedeutendsten Feldherren des 17. Jahrhunderts. Er entstammte einer Seitenlinie des französischen Königshauses Bourbon. In Erinnerung an den „Großen Condé“ nannte ich meinen Trakehner Grauschimmel **„Condé“**, er galt als mein **Lieblingspferd**.

Montag, 10. Januar 2011 *Vor 235 Jahren anno 1776* ward dies ein Mittwoch. Ich schrieb heute von Potsdam aus meinem Philosophenfreund ***Voltaire*** einen Brief, weil die Zeitungen die Falschmeldung verbreitet hatten, er sei erkrankt. Ich bat ihn vorsorglich, sich zu schonen und schenkte ihm ein Glasgefäß gefüllt mit wohltuendem Balsam: „Der Großsultan hat mir ein Geschenk mit **Balsam von Mekka** gemacht, daß aus der ersten Hand kommt. Wenn Ihr Arzt glaubt, daß er Ihnen nütztlich sein kann, so will ich Ihnen gern ein Phiole davon schicken." Gleichsam schrieb ich Voltaire: „***Bücher sind die Kinderklapper meines Alters, und Lektüre das einzige Vergnügen, dessen ich noch genieße.***"

Dienstag, 11. Januar 2011 *Vor 235 Jahren anno 1776* ward das ein Donnerstag und ich ging in Potsdam meinen Regierungsgeschäften nach. Ich erhielt heute den gestern vom Großkanzler ***Fürst von Kuperberg*** erstellten Bericht über die Hauptprinzipien der **Justizreform**. Das war das immer noch unbefriedigende Resultat der fortgesetzten Konferenz, die bei mir vor einer Woche in Potsdam stattgefunden hatte. Immer noch ermangelte es an einem brauchbaren Resultat und es fehlte die Unterschrift des Kammergerichts-Präsidenten von Nebeur. Der Großkanzler erhielt den Schriftsatz postwendend zur erneuten Beratung zurück. An den Kammergerichts-Präsidenten ***von Nebeur*** erging die „Kabinetsordre", sich bei mir morgen oder übermorgen „allhier einzufinden" um mit ihm die Dinge persönlich zu erörtern.

Mittwoch, 12. Januar 2011 *Vor 275 Jahren anno 1736* ward dies ein Donnerstag, an dem ich nach Potsdam ging, um mich als junger Kronprinz bußfertig zu zeigen, so wie es mein Herr Vater verlangte. Dort verweilte ich einige Tage, damit der gestrenge **Soldatenkönig** an meine Reumütigkeit glaubte.

Donnerstag, 13. Januar 2011 *Vor 235 Jahren anno 1776* ward dieser Tag ein Samstag. Ich beriet mich heute „nach 9 Uhr Morgens" mit dem Kammergerichts-Präsidenten ***von Nebeur***, obwohl ich am Tag zuvor „einen heftigen Fieberanfall gehabt" hatte. Da ich noch immer „sehr ermattet war", musste ich während der ganzen Unterredung „im Bette" verbleiben. Ich war „so schwach, dass der Präsident ganz nahe vor" mein „Bette treten mußte". Es wurde eingehend über die **Justizreform** gesprochen. Ich sagte ihm: „***man muß keineswegs das Volk mit Härte behandeln***." Nach der Unterredung „dictirte" ich von Nebeur meine „Intentionen in 11 Punkten". Ich „befahl ihm hiernach, ein **Gesetz zur Beschleunigung der Prozesse** zu entwerfen." Außerdem sprach ich mit dem Kammergerichtspräsidenten „noch über andere Gegenstände, unter andern über die schicklichsten Mittel, dem **Verbrechen des Kindermordes vorzubeugen**." Der Kammergerichtspräsident von Nebeur meinte, dass nicht allein uneheliche, sondern auch eheliche Kinder unvermögender Eltern dem Staate zur Last fallen würden. Ich entgegnete ihm darauf: „Ich ziehe die Kosten vor, als sie sterben zu lassen."

Freitag, 14. Januar 2011 *Vor 225 Jahren anno 1786* ward dies ein Sonnabend. Heute besuchte mich in Potsdam der Akademiker und Geheimrat ***Samuel Formey***.

Sonnabend, 15. Januar 2011 *Vor 235 Jahren anno 1776* ward dies ein Montag. Von Potsdam aus setzte ich heute ein von mir befohlenes bedeutsames

Prozessbeschleunigungsgesetz in Kraft. Der Titel lautete: „Neue Verordnung, um die Prozesse zu verkürzen“. Erst gestern hatte ich dazu den Entwurf vom Kammerpräsidenten ***von Nebeur*** erhalten.

Sonntag, 16. Januar 2011 *Vor 260 Jahren anno 1751* ward dieser Tag ein Sonnabend, an dem ich von Berlin aus nach Potsdam zurückgekehrte.

Montag, 17. Januar 2011 Vor 260 Jahren anno 1751 ward dies ein Sonntag. Seit gestern weilte ich in Potsdam. Morgen geht es aber schon wieder zurück nach Berlin.

Dienstag, 18. Januar 2011 Das ist der Krönungstag Preußens. *Vor 235 Jahren anno 1776* ward ich in Potsdam und empfing heute die Deputierten der Kurmark, dabei ging es um mein landesväterliches Streben, die **Kreditfähigkeit** weiter Kreise zu erhöhen. In Schlesien hatte ich seit 1769 ein gut funktionierendes „Creditsystem“ errichtet. Nun wollte ich es auch der Kurmärkischen Landschaft angedeihen lassen. Ich empfing die Deputierten mit den Worten: „Kommen Sie herein, kommen Sie näher. Ich will jetzt nicht als König, sondern als Ihr Rathgeber, als Freund mit Ihnen sprechen. Es ist nöthig, daß Sie Sich mehr vereinigen, um eine so nützliche Sache zu Stande zu bringen, wie in Schlesien, wo die Sache excellent geht. Meine Absicht ist keine andere, als das Wohl des Staates, und die Erhaltung der Stände und des Adels, dessen Credit so gefallen ist.“

Mittwoch, 19. Januar 2011 *Vor 225 Jahren anno 1786* ward dies ein Donnerstag, an dem ich in Potsdam verharrte. Es besuchte mich heute der regierende Herzog ***Karl August von Sachsen-Weimar***. Er blieb mein Gast bis Montag.

Donnerstag, 20. Januar 2011 *Vor 225 Jahren anno 1786* ward dieser Tag ein Freitag. Der regierende Herzog von Sachsen-Weimar weilte bei mir.

Freitag, 21. Januar 2011 *Vor 225 Jahren anno 1786* fiel der Tag auf einen Sonnabend. Ich kränkelte in Potsdam und hoffte auf eine Besserung meines Gesundheitszustandes.

Sonnabend, 22. Januar 2011 *Vor 225 Jahren anno 1786* ward dies ein Sonntag. Ich verharrte in Potsdam und befasste mich mit dem Leben des ***Vicomte de Turenne***, des Marschalls von Frankreich. Seine Biografie stellte meinen Lesestoff dar, den ich bis Samstag mir von meinem Vorleser vortragen ließ, anschließend ergötzte ich mich drei weitere Tage mit den „Memoiren des Turenne“.

Sonntag, 23. Januar 2011 *Vor 230 Jahren anno 1781* fiel dieser Tag auf einen Dienstag. Es war der Vorabend meines 69. Geburtstages, an dem ich in Potsdam die Winterruhe genoss, nachdem ich mich die letzten Wochen in der hektischen Metropole Berlin aufgehalten hatte.

Montag, 24. Januar 2011 Das ist mein 299. Geburtstag. *Vor 240 Jahren anno 1771* war das mein 59. Geburtstag und er fiel auf einen Donnerstag. Aus Berlin kehrte ich heute „schon früh nach Potsdam zurück“. Wobei die offizielle Feier meines Geburtstages bei meiner Frau ***Elisabeth Christine*** stattfand, „wo große Cour und Abends Concert war.“

An meinen Geburtstag bekam ich nicht nur Geschenke, ich verteilte derart auch.

Ich schickte meiner Nichte ***Wilhelmine***, Erbstatthalterin der Niederlande, ein prächtiges Tafelservice von Porzellan und den Kammerherrn des Erbstatthalters, Graf ***von Heyden***, beschenkte ich mit einer goldenen, mit Brillanten besetzten Uhr. Der General ***Friedrich Ehrenreich von Ramin*** erhielt ebenfalls ein **Porzellan-Tafelservice**.

Dienstag, 25. Januar 2011 *Vor 225 Jahren anno 1786* ward dies ein Mittwoch. Heute besuchte mich in Potsdam der französische Lebemann, Schriftsteller und Diplomat **Graf *Mirabeau***. Er wird mir von Graf ***Karl Friedrich von Görtz*** vorgestellt.

Mittwoch, 26. Januar 2011 *Vor 265 Jahren anno 1746* ward dies gleichsam ein Mittwoch, den ich in Potsdam verbrachte.

Donnerstag, 27. Januar 2011 *Vor 225 Jahren anno 1786* ward dies ein Freitag, an dem ich in Potsdam blieb. Heute besuchte mich erneut der Herzog ***Karl August von Sachsen-Weimar***. Er leistete mir bis Sonntag Gesellschaft, ebenso wie ***Wichard Joachim Heinrich von Möllendorff***.

Freitag, 28. Januar 2011 *Vor 265 Jahren anno 1746* ward dies gleichsam ein Freitag und ich weilte in Potsdam.

Sonnabend, 29. Januar 2011 *Vor 265 Jahren anno 1746* fiel dieser Tag gleichsam auf einen Sonnabend, an dem ich in Potsdam verweilte.

Sonntag, 30. Januar 2011 *Vor 265 Jahren anno 1746* ward dieser Tag gleichsam ein Sonntag. Ich residierte in Potsdam, aber schon morgen musste ich mich nach Berlin begeben.

Montag, 31. Januar 2011 Vor 225 Jahen anno 1786 ward dieser Tag ein Dienstag. Die letzten drei Tage befasste ich mich mit den „Memoiren des Turenne“. Heute besuchte mich in Potsdam mein Neffe Prinz ***Friedrich von Braunschweig*** und der englische Minister Lord ***Whitworth***.

Der Februar

- lateinisch febrauaris oder altdeutsch Hornung

Dieser kurze Monat war voller Ungeduld. Das lange Warten auf den Frühling konnte ich anno dazumal nur schwer ertragen. Doch hinter Kälte, Regen und Schnee durchbrachen hoffnungsvoll mit ihren zartrosa Blättern die ersten Schneeglöckchen das Eis. Unter der Rinde der Bäume tummelten sich bereits die Würmer, Asseln und Spinnen. Die Tiere begannen, sich zu paaren. Die Natur bereitete sich auf den Frühling vor. Die Hirsche warfen ihr Geweih ab, daher rührte auch der alte deutsche Monatsname Hornung.

Für die Bauern war Mitte Februar der Winter vorbei. Es begann die harte Arbeit in Wald, Feld, Garten und Weinberg.

Die Hofküche servierte im Februar gerne Schmalzgebäck. Zu den Mahlzeiten kamen vorzugshalber Biersuppe, Fisch und Geflügel sowie Fastenspeisen auf den Tisch.

Im Februar fanden die letzten königlichen Planungen für das neue Jahr ihren Abschluss.

Der Duc de Nivernais kam als Sonderbotschafter Frankreichs

Februar-Geschichte:

Potsdam, 21. Februar anno 1756 vor 255 Jahren:

Sklaven und Tabak – das zweifelhafte Angebot des Herzogs von Nivernais

Heute an diesem Februar-Sonnabend hielt ich gemeinsam mit Louis Jules Mancini Barbon-Mazarini Duc de Nivernais Tafelrunde in Potsdam. Eine erste öffentliche Audienz hatte ich dem Duchesse bereits am 14. Januar in Berlin gewährt. Nun ward er für drei Tage mein persönlicher Gast in meinem Potsdamer Schloss. Der feine Herr wirkte als Diplomat und Schriftsteller. Gerne las ich seine Fabeln. Er empfahl sich als der neue französische Gesandte zu Berlin. Zuvor ward er als Gesandter am Heiligen Stuhl in Rom tätig. Der französische Hof hatte den Herzog ausgewählt, um die Beziehungen zwischen England und Preußen zu hintertreiben. Sie sagten ihm: „Gehe, achtbarer, weiser Nivernais, belletristischer Edelmann, suche Friedrich wie herkömmlich für uns zu gewinnen!“ Sie hofften, der intelligente und schriftstellerische Sonderbotschafter würde mir gefallen. Ja, seine Fabeln fanden wahrhaftig mein Interesse, aber als Diplomat konnte er bei mir wenig ausrichten. Er zeigte sich mir durchaus von der angenehmen Seite. Doch seine Vorschläge, die er unterbreitet, erschienen mir aufs Äußerste verwunderlich.

Die Welt war ein Pulverfass. Frankreich und England kämpften um die Vorherrschaft in der neuen Welt. Europa war für diese Mächte nur ein Nebenschauplatz. Im Mittelpunkt der kriegerischen Auseinandersetzungen zwischen Frankreich und Großbritannien ging es beiden Mächten um die koloniale Vorherrschaft in Nordamerika und Indien. Auch wenn ich in Preußen vor fünf Jahren in Emden eine asiatische Handelskompanie gegründet hatte, so sollte aus Preußen auf keinen Fall eine Kolonialmacht werden.

Mit Frankreich gab es eine jahrelange Freundschaft und so schloss ich gleichsam im Januar mit Großbritannien einen Friedens- und Freundschaftsvertrag. Preußen erhielt daraufhin jährlich 20 000 Pfund Sterling und verpflichtete sich, schützend seine Hand über das englische Hannover zu halten, denn England fürchtete einen französischen Angriff auf die kleine englische Herrschaft. Ich musste dieses Abkommen von Westminster nutzen, um gleichsam zu verhindern, dass sich Russland als Schutzmacht Hannovers aufspielt, denn ich sah darin auch eine Gefahr für die preußische Ostgrenze. Schon letztes Jahr bot Russland an, gegen englische Geldzahlungen fünfundfünfzig Tausend Soldaten nach Hannover zu transferieren. Diese Gefahr erschien durchaus real. Ich sollte auf den französischen Leim reinfallen, den mir der französische Kriegsminister M. de Rouillé bot. Meinem Gesandten Dodo Heinrich von Knyphausen in Paris bot er an: „Stellen Sie doch Sr. Majestät Ihrem Könige vor, welche reiche Beute in Hannover zu machen sei. Er soll sie ganz für sich behalten dürfen, wenn er Hannover für uns plündern wolle!“ Harsch ließ ich verlauten: „Nichts mehr davon, mein Herr Kriegsminister!“ In dieser Situation entsandte Frankreich einen Sonderbotschafter nach Preußen. Es war der Duchesse de Nivernais. Nachdem das Angebot mit Hannover nicht zog, da versprach der Duc de Nivernais im Namen Frankreichs, aus der Territorialmacht Preußen eine Kolonialmacht machen zu wollen, um den königlichen Handel und die Schifffahrt zu fördern. Als Lockvogel sollte die Antilleninsel Tobago dienen, zwischen der südlichen Karibik und dem Atlantik an der Nordküste Südamerikas. Tabak und Sklaven seinen dort sehr billig und reichlich zu haben. Wobei Nivernais offensichtlich nicht wusste, schon meine königlichen Vorfahren hatten den Sklavenhandel als eines Christenmenschen unwürdig abgelehnt und für mich war Sklavenhandel mit meinen Gedanken der Aufklärung völlig unvereinbar. Ich antwortete neckisch: „Die Insel Tobago? Sie meinen wohl die Insel Barataria, für die ich aber nicht den Sancho Pansa machen kann!" Diese unbestritten sehr hübsche Insel wäre durchaus ein guter Handelsumschlagplatz zwischen Amerika und Preußen gewesen, aber trotz der vor fünf Jahren von mir gegründeten Emdener Handelskompanie hatte ich kein Verlangen, im tobenden Kolonialkrieg mitzuwirken.

Völlig offenherzig zeigte ich dem Gesandten Frankreichs den Vertragstext. Freimütig konnte er den Text studieren und erkennen, nichts befand sich in diesem Vertrag, was nur im Geringsten gegen Frankreich gerichtet ward. Doch es nutzte nichts, dass ich dem Herzog den Vertrag mit England zeigte. Ich sagte Nivernais: „Mein einziges Ziel und Verlangen ist Frieden für mich und mein Land, urteilen Sie selber!" Ja, ich hoffte, mit der Konvention von Westminister den Frieden bewahrt zu haben.

Der Herzog Nivernais hatte offiziell den Auftrag, das französisch-preußische Bündnis zu erneuern. Doch schon längst ward der französische König Ludwig XV. den Lockrufen der Madame Pompadour erlegen, die den französischen Hof gegen Preußen aufstachelte und in dieser Hinsicht ganz die Erwartungen von Maria Theresia erfüllte. So blieb ein erneuertes Bündnis mit Frankreich aus und im dritten Monat wurde Nivernais im März ohne Resultat zurückberufen. Madame Pompadour triumphierte: Österreich, nicht Preußen war die neue Devise Frankreichs. Madame hatte einen vorübergehenden Sieg errungen.

Dienstag, 1. Februar 2011 *Vor 255 Jahren anno 1756* ward dies ein Sonntag, den ich wieder einmal in Potsdam verbrachte. Gestern kam ich im Stadtschloss an, wo ich mich nahezu den ganzen Monat aufhielt.

Mittwoch, 2. Februar 2011 *Vor 245 Jahren anno 1766* ward dies ein Sonntag, an dem ich von Berlin aus kommend in Potsdam verweilte.

Donnerstag, 3. Februar 2011 *Vor 225 Jahren anno 1786* ward dies ein Freitag und ich verharrte in Potsdam. Es ging mir gesundheitlich sehr schlecht und meine ganze Hoffnung steckte ich in das Warten auf den Frühling.

Freitag, 4. Februar 2011 Vor 260 Jahren anno 1751 ward dies ein Donnerstag, an dem ich von Potsdam aus meinen Regierungsgeschäften nachging. Mein Minister und Gesandter Graf ***Heinrich von Podewils*** kam aus Wien heute zu mir.

Sonnabend, 5. Februar 2011 *Vor 245 Jahren anno 1766* fiel dieser Tag auf einen Mittwoch, den ich in Potsdam verbrachte. Im fernen Wien **starb** der Reichsgraf ***Leopold Joseph Maria von Daun***. In vielen Schlachten war er mein Gegner. Dass das Haus Österreich den tapferen preußischen Soldaten nicht gänzlich erlag, das verdankte es weitgehend dem Wirken dieses Mannes. Er galt als wahrhaft großartiger Feldherr und selbst ich hatte ihn zu fürchten gelernt. Als Feldmarschall brachte er mir im Sommer vor neun Jahren die Niederlage von Kolin. Nun hatte er im Alter von 60 Jahren unsere Welt für immer verlassen.

Sonntag, 6. Februar 2011 *Vor 240 Jahren anno 1771* ward dieser Tag auf einen Mittwoch. Ich schrieb heute von Potsdam aus der Witwe meines Freundes und Kammerherrn d'Argens, der am 12. Januar verschied. Ich erklärte ***Babett d'Argens***: „Der Tod des Marquis hat mich sehr betrübt".

Montag, 7. Februar 2011 *Vor 260 Jahren anno 1751* ward dies ein Sonntag, den ich in Potsdam verbrachte.

Dienstag, 8. Februar 2011 *Vor 255 Jahren anno 1756* ward dies ein Sonntag, an dem in Potsdam weilte.

Mittwoch, 9. Februar 2011 *Vor 245 Jahren anno 1766* ward dies ein Sonntag. Von **Potsdam** aus schrieb ich heute meinem Freund Fouqué und bezeichnete mich darin schon als Greis, obwohl ich erst im letzten Monat vierundfünfzig Jahre alt geworden war und eigentlich noch viel vorhabe. Ich schrieb an ***Fouqué***: „Hierbei übersende ich Ihnen einen kleinen Vorrath von Italienischen **Trüffeln**, die ich über Wien erhalten habe. Ich wünsche, daß sie Ihnen lieb sein, schmecken und Ihren Appetit wieder reizen mögen. ***Ich erwarte hier in meiner Höhle ruhig die Rückkehr des Frühlings; die gegenwärtige Jahreszeit ist nicht für unser Alter. Wir Greise leben erst im Frühling auf, und vegetieren im Sommer, aber der Winter taugt nur für jene brausende ungestüme Jugend, die sich durch Schlittenfahrten und Schneeballwerfen abkühlt.***"

Donnerstag, 10. Februar 2011 *Vor 255 Jahren anno 1756* ward dies ein Dienstag. Ich hielt mich in Potsdam auf. Dieser Tage reiste leider nach einigen Unstimmigkeiten mein Freund ***Isaak Franz Egmont Chasot*** ab. Er beabsichtigte, Urlaub in seiner Heimat Frankreich zu machen.

Freitag, 11. Februar 2011 *Vor 240 Jahren anno 1771* ward dies ein Montag. Ich ging in Potsdam meinen Regierungsgeschäften nach. Seit Sonnabend beriet ich mich mit einigen Ministern. Heute kam der Minister ***Karl Wilhelm Finck von Finkenstein*** zu mir.

Sonnabend, 12. Februar 2011 *Vor 230 Jahren anno 1781* ward dies ein Montag. Heute erhielt „der berühmte Gelehrte ***Johannes Müller***" bei mir in Potsdam Audienz. Müller sprach später von diesem Besuch in seinen Briefen an den Schriftsteller Gleim mit großem Enthusiasmus. Ich machte offensichtlich einen guten Eindruck auf Müller, wodurch sich seine Einstellung zu mir positiv veränderte. Noch vor sechs Jahren hatte er sich nicht so freundlich über mich ausgedrückt.

Sonntag, 13. Februar 2011 *Vor 235 Jahren anno 1776* ward dies ein Dienstag. Ich weilte in Potsdam, wo ich diesen Winter immer wieder gegen gesundheitliche Probleme ankämpfen musste. Ich schreibe heute an ***Voltaire***: „Ich habe wieder einen heftigen Anfall von Podagra gehabt, der mich sehr nieder hält. Die gute Jahreszeit muß mir zu Hülfe kommen, ehe ich meine Kräfte wieder erlangen kann."

Montag, 14. Februar 2011 Heute ist Valentinstag. *Vor 260 Jahren anno 1751* ward dies ein Sonntag. Ich weilte in

Potsdam und ärgerte mich sehr über den ach so liebenswürdigen Freund ***Voltaire***. Musste ich doch ertragen, wie mein Gast Voltaire meine Freundschaft missbrauchte und sich vor Gericht mit dem Juden Hirsch über windige Geschäfte stritt.

Dienstag, 15. Februar 2011 *Vor 270 Jahren anno 1741* ist dies ein Mittwoch. Militärische Aufgaben binden mich in Potsdam. Vorgestern rückte hier das erste Bataillon meiner **Leibgarde** ein. Ich erteilte den Soldaten den Marschbefehl nach Breslau. Morgen ist es soweit, dann werden sie nach Schlesien gehen.

Gleichzeitig erhielt Chasot im Rang eines Majors das Kommando über die neu errichteten Jägerkompanien. Mit ihm betrieb ich schon als Kronprinz gewisse „Kriegsstudien". ***Isaak Franz Egmont Chasot*** war ein französischer Offizier, der 1734 nach einem Duell fliehen musste. So hatte ich ihn kennengelernt. Ich schätzte sein Selbstbewusstsein, aber auch sein lebhaftes Temperament und seine Unterhaltungsgabe, doch ganz besonders natürlich seine guten militärischen Fähigkeiten.

Mittwoch, 16. Februar 2011 *Vor 255 Jahren anno 1756* ward dies ein Montag. Der polnische Adlige Orginski stattete mir heute in Potsdam einen Besuch ab, bevor er nach Dresden weiterreiste. Die Familie des Fürsten ***Michael Kasimir Oginski*** gehörte zu den einflussreichsten polnischen Adelskreisen, die bei mir anklopften, weil ihnen in Preußen ihr Eigentum garantiert war.

Donnerstag, 17. Februar 2011 *Vor 255 Jahren anno 1756* ward dies ein Dienstag. Ich verbrachte diesen Tag in meiner Potsdamer Residenz. Bis gestern weilte mein Bruder Prinz ***Heinrich*** für drei Tage bei mir in Potsdam und gestern kam gleichsam der Minister ***von Podevils*** zu mir.

Freitag, 18. Februar 2011 *Vor 240 Jahren anno 1771* ward dies ein Montag. Gestern war mein Bruder ***Heinrich*** von seiner langen und beschwerlichen Reise nach Moskau und Petersburg zurückgekehrt. Heute suchte er mich in Potsdam auf. Er hatte mir viel von Zarin Katharina zu berichten und wird bis Sonntag bei mir bleiben.

Sonnabend, 19. Februar 2011 *Vor 230 Jahren anno 1781* ward dies ein Sonntag und ich weilte in Potsdam.

Montag, 20. Februar 2011 *Vor 255 Jahren anno 1756* ward dieser Tag ein Freitag. Ich widmete mich heute in Potsdam meinen musikalischen Leidenschaften. Ich ließ die Kapelle aus Berlin anreisen. Das **Musikensemble** blieb bis Montag in meiner Umgebung.

Montag, 21. Februar 2011 *Vor 255 anno 1756* ward dies ein Sonnabend. In Potsdam genoss ich heute das „Intermezzo: Baronesse d'Arbella" und es reiste bei mir der ***Herzog Ludwig Julius von Niverais*** an. Er blieb als mein Gast im Stadtschloss bis Montag.

Dienstag, 22. Februar 2011 *Vor 255 Jahren anno 1756* ward dies ein Sonntag. Ich weilte in Potsdam, wo das Intermezzo „Philosopho mit Erichi und Frau Paganini" gespielt wurde.

Mittwoch, 23. Februar 2011 *Vor 225 Jahren anno 1786* ward dies ein Donnerstag. Zu mir nach Potsdam kam heute der Minister ***Friedrich Anton von Heinitz***.

Donnerstag, 24. Februar 2011 *Vor 230 Jahren anno 1781* ward dies ein Sonnabend. Mich suchten derzeit in Potsdam Anfälle von **Podagra** heim. Trotz alledem schrieb ich meinem Brieffreund **d'Alembert** und bezeichnete ihn als **Anaxagoras**: Sie nehmen so gern Antheil an meiner Gesundheit, aber während

Sie mir zu dem Genuß derselben Glück wünschen, fand mich Ihr Brief im dritten Anfall des Podagras, den ich seit meiner Zurückkunft von Berlin habe. Mit solchen Liebesbezeugungen begünstigt das Alter die Greise. Ich tröste mich mit dem Abbé Chaulien und mit allen Podagristen des Alten und neuen Testaments. Beim Schreiben ist es etwas lästig, allein man gewöhnt sich an Alles, und ich sage mit dem Posidonius: O Podagra! Du sollst mich nicht hindern, dem weisen Anaxagoras zu schreiben."

Freitag, 25. Februar 2011 *Vor 245 Jahren anno 1766* ward dies ein Dienstag. Von Potsdam aus befasste ich mich mit den Gedanken der **Aufklärung**. Ich schrieb heute etwas konsterniert meinem Philosophenfreund ***Voltaire***: „Die Fortschritte der menschlichen Vernunft sind viel langsamer, als man glaubt. Die wahre Ursache davon ist, daß fast die ganze Welt sich mit schwankenden Begriffen begnügt, und nur wenige die Zeit haben, sie zu untersuchen und bis auf den Grund der Dinge zu gehen. Einige sind von Kindes Beinen an in die Fesseln des Aberglaubens eingezwängt, die sie nicht zerbrechen wollen oder können. Andere beschäftigen sich mit nichtswürdigen Kleinigkeiten, haben kein Wort von Geometrie im Kopf, und genießen des Lebens, ohne daß ein Augenblick des Nachdenkens ihre Vergnügungen unterbricht. Nehmen Sie nun noch die Schüchterlinge und die furchtsamen Frauenzimmer hinzu, so haben Sie das Ganze, woraus die Gesellschaft besteht. Es ist also viel, wenn man unter tausend Menschen Einen Denkenden findet."

Sonnabend, 26. Februar 2011 *Vor 245 Jahren anno 1766* ward dies ein Mittwoch. Mein Freund Fouqué hatte einen starken Hörverlust erlitten. Ich wollte ihm helfen und ließ ihm einen Trichter, eine Art **Hörrohr**, fertigen. Ich schrieb heute von Potsdam aus **an Fouqué**: „Menschen findet man überall, aber nur selten einen so rechtschaffenden Mann und einen so treuen Freund als Sie. Pflegen Sie sich, so sehr Sie nur immer können, damit ich Sie nicht sobald verliere, und bedenken Sie, wie nahe es mir gehen wird, mich auf immer von Ihnen getrennt zu sehen. Ihr schweres Gehör will nichts sagen; man hat kleine Trichter, die diesen Zufall einigermaßen abhelfen. Die verstorbenen Frau von Roculle bediente sich eines solchen Röhrchens, und ich will Ihnen ein ähnliches machen lassen." In meinem Weinkeller lagerten viele alte Weine aus allen bedeutsamen Weinanbaugebieten der Welt. Weil es Fouqué so schlecht ging, da munterte ich ihn mit einem weiteren Brief auf und packte ihm eine edle Ungarn-Weinflasche meines Vaters bei. Ich schrieb Fouque: „Liebster Freund. Ich nehme wohl ab, daß Sie Stärkung bedürfen. Vor ein paar Tagen wollte man den **Ungarnwein** meines Großvaters kosten, und fand ihn gut. Sofort hob ich die Flasche - es ist die letzte - auf, und schicke sie Ihnen. Möchte sie Ihnen doch recht gute Dienste leisten. Verlangen Sie andere alte Weine - ich habe deren von allen Sorten - so sagen Sie mir es nur, und ich werde mir ein wahres Vergnügen daraus machen, Ihnen davon zukommen zu lassen."

Sonntag, 27. Februar 2011 *Vor 265 Jahren anno 1746* ward dies gleichsam ein Sonntag. Von Berlin aus kam ich gestern in Potsdam an, wo ich die nächsten zwei Wochen verblieb.

Montag, 28. Februar 2011 *Vor 260 Jahren anno 1751* ward dies ein Sonntag, wie die Sonntage zuvor, so weilte ich auch heute in Potsdam.

Der März
- lateinisch Martius und altdeutsch Lenzing

Der März war in Preußen der Monat des Aufbruchs. Die ersten Vögel kehrten im März aus dem Süden zurück. Die Rotschwänzchen siedelten in den Bäumen und Mauervorsprüngen, wo sie ihre Nester bauten. In der Natur sprossen die Knospen und die Bauern beackerten die Felder. Deshalb wurde altdeutsch dieser Monat gleichsam als Saatmonat bezeichnet. Denn im Lenz, im Frühjahr erfolgte die Aussaat auf die Felder.

Am 21. März begann fast immer für mich in Potsdam die Exerzierzeit, auch für König und Soldaten ward der Winterschlaf nun endgültig vorbei.

Meine Hofküche weckte jetzo die Lebensgeister und bereitet viele Grünspeisen. Knackige Salate kamen auf den königlichen Tisch und gleichsam frische Kiebitz-Eier. Besonders gerne wurde eine Siebenkräutersuppe gekocht. Sie bestand aus Lauch, Salat, Spinat, Petersilie, Schnittlauch, Sauerampfer und Löwenzahn. Zu den Grünspeisen gesellten sich im März ebenso Froschschenkel, denn der Laubfrösche gab es reichlich, ebenso Lammbraten, besonders in der Osterzeit.

Francois-Marie Arouet, genannt Voltaire, wieder in Potsdam

März-Geschichte

Potsdam, 10. März anno 1751 vor 260 Jahren:

Aussöhnung mit Voltaire in Potsdam

Meinen Philosophenfreund Voltaire bereitete mir viel Kopf- und Herzschmerzen. Ich war sehr verärgert, da er mein Vertrauen ausnutzte, um windige Spekulationsgeschäfte zu entfalten. Daraus erwuchs gar ein Gerichtsprozess mit dem Juden Hirsch. Voltaire wurde vom Berliner Gericht zur Ordnung gerufen und ich hoffte, es wird ihm eine Lehre sein. Nun will ich mich mit Voltaire noch einmal versöhnen. Er bezog das Marquisat, um in der Nähe meiner Schlösser in Potsdam zu wirken. Er erschien je nach Gemütsbeschaffenheit wieder zu meinen Abendmahlzeiten und ließ kein gesellschaftliches Großereignis ausfallen. Er glänzte nun wieder wie kein anderer bei meinen königlichen Soupers.

Voltaire zeigte sich erneut als wahrer Sprachkünstler. Er war bestrebt, die wenige Arbeit, die ich von ihm verlangte, mehr oder weniger redlich zu tun, nämlich dann und wann meine Verse zu korrigieren. Ein- oder manchmal zwei Stunden am Tage widmete er sich meinen Versen. Ansonsten hatte er keine Arbeit zu verrichten, außer an seinen eigenen Werken zu schreiben.

Außerhalb meiner königlichen Gesellschaft fand er in Potsdam viele glänzende Tischgenossen in Hülle und Fülle, besonders vom französischen Typus. Doch die mied er, soweit er konnte, denn Voltaire ward immer bestrebt, der einzige Franzose zu sein, der an meinem Hof wirklich zu glänzen verstand. Er war gebettet, beköstigt, aufgehoben, wie wenn wohltätige Feen es für in getan hätten, und für all das wurde kein Preis von ihm verlangt. Lobend äußerte sich Voltaire über Potsdam. Überschwänglich erklärte er: „Potsdam ist Sparta und Athen zugleich; täglich wird gemustert und gedichtet. Man arbeitet für sich; dann soupiert man munter mit einem Könige, der ein großer Mann und die Seele guter Gesellschaft ist."

Das vom Schloss abgeschiedene kleine Landhaus Marquisat hatte ich benannt nach meinem Freund und akademischen Literaturdirektor Marquis d' Argens. Voltaire wohnte in dem Haus bereits anno 1750. Es befand sich nahe der Moschee. Heute sind nur noch drei Steinblöcke und zwei Säulen übrig geblieben. Zu DDR-Zeiten wurde es abgerissen. Anno 1755 schrieb dort der Schriftsteller Gotthold Ephraim Lessing sein bürgerliches Trauerspiel Miss Sarah Sampson.

Dienstag, 1. März 2011 *Vor 235 Jahren anno 1776* ward dies ein Freitag. Ich verharrte in Potsdam und hoffte auf den Frühling, der eine Besserung meines Gesundheitszustandes versprach, denn der Winter hatte mir dieses Jahr viele Leiden beschert.

Mittwoch, 2. März 2011 *Vor 265 Jahren anno 1746* ward dies gleichsam ein Mittwoch. Ich weilte anno dazumal in Potsdam.

Donnerstag, 3. März 2010 *Vor 225 Jahren anno 1786* ward dies ein Freitag, an dem ich von Potsdam aus ***Georg Oswald von Czettritz*** zum „Generallieutenant" beförderte. Er entstammte einem alten schlesischen Adelsgeschlecht. Die Czettritz-Husaren standen bei mir im hohen Ansehen. Als 17-jähriger „Cavallerie"-Fahnenjunker hatte der Freiherr 1745 in der Schlacht bei Hohenfriedeberg seine Feuertaufe erhalten.

Freitag, 4. März 2011 *Vor 240 Jahren anno 1771* ward dies ein Montag. Ich hielt mich in Potsdam auf. Dieser Tage trat die berühmte Sängerin Mara in meine Dienste. Sie sang zum ersten Male auf dem Theater in dem Intermezzo „Piramus und Thisbe" von Johann Adolf Hasse.

Heute starb in der Nacht von Montag auf Dienstag Markgraf ***Friedrich Wilhelm von Brandenburg-Schwedt*** auf Schloss Wildenbruch, 50 Kilometer südlich von Stettin. Der Verstorbene war gleichsam mein Onkel und Schwager, genannt der tolle Markgraf. Anno 1734 hatte er meine Schwester ***Sophie*** geheiratet, die seine Nichte war. Ganz entgegen meinen Befürchtungen verlief die Ehe recht harmonisch. Vor sechs Jahren war meine liebe Schwester verstorben und ihr Mann wird neben ihr im Berlischky-Pavillon in Schwedt beigesetzt. Sie hatten keine männlichen Nachkommen. Deshalb übernahm sein Bruder Friedrich Heinrich die Regentschaft über die kleine Markgrafschaft von 3 Städten, 38 Dörfern mit 17.000 Untertanen.

Sonnabend, 5. März anno 2011 *Vor 240 Jahren anno 1771* ward dies ein Dienstag, an dem ich in Potsdam weilte. Heute schrieb ich ***Voltaire***. Es ging um **Aberglauben** und theologische Erörterungen. Ich verwies darauf, dass „Sätze, woran gottesfürchtige Seelen Anstoß nehmen können" in meinen Augen „nicht löblich" seien. Ich schrieb an Voltaire: „Wenige Personen nehmen sich Zeit zu einer Untersuchung, die so beschwerlich ist und eine ununterbrochene Aufmerksamkeit erfordert. So deutlich man ihnen auch ihre Irrthümer auseinander setzt, so glauben sie doch, man wolle sie verführen. Sie verabscheuen die Wahrheiten, die man ihnen vorträgt, und verfluchen den Mann, der es thut. Ich bin daher sehr mit der Methode zufrieden, daß man dem Aberglauben Nasenstüber giebt und ihn dabei mit Höflichkeiten überhäuft."

Sonntag, 6. März 2011 *Vor 265 Jahren anno 1746* ward dies gleichsam ein Sonntag. Heute befand ich mich in Potsdam.

Montag, 7. März 2011 *Vor 225 Jahren anno 1786* ward dies ein Dienstag. Heute starb in Potsdam im Alter von 76 Jahren mein Konzertmeister ***Franz Benda***. Der Tod war für ihn eine Erlösung, denn die letzten Jahre war er nahezu gelähmt. Über viele Jahre schätzte ich ihn als meinen besten Violinspieler und als Komponist. Als Konzertmeister war er mein beständiger musikalischer Begleiter. Er wirkte immer in meiner Nähe in Potsdam und Berlin. Schon in Ruppin und Rheinsberg gehörte er zu meinem kleinen Kammerorchester.

Dienstag, 8. März 2011 *Vor 225 Jahren anno 1786* ward dies ein Mittwoch, an dem mich in Potsdam mein Bruder Prinz ***Heinrich*** besuchte. Bis Montag blieb mein Bruder bei mir.

Mittwoch, 9. März 2011 Heute ist Aschermittwoch. *Vor 260 Jahren anno 1751* ward dies ein Dienstag, an dem ich in **Sanssouci** weilte, um gesundheitliche Besserung zu finden. Mein Blut kochte geradezu. Ich wurde vom **Fieber** geplagt.

Donnerstag, 10. März 2011 *Vor 260 Jahren anno 1751* ward dies ein Mittwoch. Ich residierte in Potsdam. Mein Philosophenfreund ***Voltaire*** bezog heute das Marquisat in Potsdam.

Freitag, 11. März 2011 *Vor 255 Jahren anno 1756* ward dieser Tag ein Donnerstag. Ich genoss in Potsdam heute das Intermezzo „La cacciatrice mit Crichi und Frau Paganini".

Sonnabend, 12. März 2011 *Vor 230 Jahren anno 1781* ward dies ein Montag und ich schrieb von Potsdam aus heute den Kaufmannsältesten zu Hirschberg und versicherte dem schlesischen Gebirgshandel meinen „lebhaften Landesväterlichen Antheil".

Sonntag, 13. März 2011 *Vor 265 Jahren anno 1746* ward dieser Tag gleichsam ein Sonntag, an dem ich in Potsdam weilte.

Montag, 14. März 2011 *Vor 260 Jahren anno 1751* ist dieser Tag ein Sonntag und ich bin in Potsdam, aber leider etwas von Krankheit geplagt.

Dienstag, 15. März 2011 *Vor 245 Jahren anno 1766* ward dies ein Sonnabend. Ich dichtete in Potsdam unter dem heutigen Datum eine scherzhafte Erzählung über den Marquis ***d'Argens***.

Mittwoch, 16. März 2011 *Vor 255 Jahren anno 1756* ward dies ein Dienstag. Es fand heute die Vermählung meiner 17-jährigen Nichte ***Anna Amalie*** von Braunschweig mit Herzog ***Ernst August Constantin von Weimar*** in Braunschweig statt. Ich nahm daran nicht teil, sondern blieb in Potsdam.

Donnerstag, 17. März 2011 *Vor 235 Jahren anno 1776* ward dies ein Sonntag. Ich schrieb von Potsdam aus heute meinem Brieffreund ***d'Alembert***: „Seit meinem letzten Briefe habe ich noch zwei Anfälle von **Podagra** gehabt, doch jetzt habe ich mich von dieser häßlichen Krankheit geschieden, und glaube mich nun gänzlich von ihr befreit. Der letzte Winter war hart, indeß schreibe ich meine Krankheit nicht dem Ungestüm der Witterung zu. Ich war zu neugierig zu wissen, wie lange die eisernen Uhren, die auf den Glockenthürmen sind, dauern können? Sachverständige haben mich versichert: höchstens zwanzig Jahre. Ist es also nicht zum Erstaunen, daß unser Geschlecht, dessen Organe von durchbrochener Drahtarbeit sind, und dessen Fleisch aus Koth und Erde besteht, länger ausdauert, als diese Uhren, die aus der härtesten Materie, welche wir kennen, verfertigt werden? Der Unterschied zwischen den Uhren und uns besteht darin: daß wir leiden, jene aber, wenn sie unrichtig gehen, keine schmerzhafte Empfindung haben."

Freitag, 18. März 2011 *Vor 260 Jahren anno 1751* ward dies ein Donnerstag. Ich weilte in Potsdam. Heute fand die Hochzeit des Legationsrates von Voß mit Fräulein von Pannwitz statt. Mein Bruder ***August Wilhelm*** wollte unbedingt der Hochzeit beiwohnen, aber fiel dabei glatt in Ohnmacht. Er hatte sich in ***Sophie Marie von*** **Pannwitz** sehr verliebt. Er war geradezu liebestoll nach ihr. Erst mit der Hochzeit sollte sein Liebesrausch erkalten. Aber die nunmehrige Gräfin Voss war wahrhaftig schön wie ein Engel. Vor acht Jahren erblickte ich sie auf einer Wendeltreppe, als sie gerade auf dem Weg zu meiner Mutter war. Ich wagte es, sie zu küssen und erntete eine herzhafte Ohrfeige. Die Gräfin Voss wirkte neunundsechzig Jahre als Hofdame unter vier regierenden Königen. Im Alter von 14 Jahren hatte ich sie zur Hofdame meiner Mutter, der Königin Sophie Dorothea gemacht.

Sonnabend, 19. März 2011 In der Schweiz wird heute der Josephstag gefeiert. *Vor 265 Jahren anno 1746* ward dies gleichsam ein Sonnabend und residierte in Potsdam.

Sonntag, 20. März 2011 Heute ist Frühlingsanfang. *Vor 235 Jahren anno 1776* ward dies ein Mittwoch. Ich verharrte in Potsdam. Mein Bruder Prinz ***Heinrich*** trat seine **Reise nach Petersburg** an. In seinem Gefolge befanden sich der General ***von Hordt*** und die Kammerherren ***von Wreech*** und ***von Knyphausen***.

Montag, 21. März 2011 *Vor 260 Jahren anno 1751* ward dies ein Sonntag. Ich kränkelte und erwartete in Potsdam den Frühling.

Dienstag, 22. März 2011 *Vor 233 Jahren anno 1778* ward dies ein Sonntag. In Potsdam besuchte mich heute mein Bruder ***Heinrich***.

Mittwoch, 23. März 2011 *Vor 225 Jahren anno 1786* ward dies ein Donnerstag. Ich weilte in Potsdam. **Unnötiger Waffenbesitz** soll eingeschränkt werden. Dazu erging heute ein Spezialbefehl, „daß weder die Bauern noch die Bürger in kleinen Orten, wo sie nicht die Wachen besetzen, Schießgewehre haben sollen."

Donnerstag, 24. März 2011 *Vor 255 Jahren anno 1756* ward dies ein Mittwoch. Ich erließ heute von Potsdam aus meinen legendären **Kartoffelbefehl**, in dem ich „Herrschaften und Unterthanen den Nutzen von Anpflantzung dieses Erd gewächses begreiflich zu machen" versuchte. „Wo nur ein leerer Platz zu finden ist, soll die Kartoffel angebaut werden, da diese Frucht nicht allein sehr nützlich zu gebrauchen, sondern auch dergestalt ergiebig ist, daß die darauf verwendete Mühe sehr gut belohnt wird."

Freitag, 25. März 2011 *Vor 260 Jahren anno 1751* ward dies ein Donnerstag. In Potsdam plagt mich das **Fieber**, trotzdem reiste ich morgen nach Berlin, um an den Geburtstagsfeierlichkeiten meiner Mutter teilzuhaben und um wichtige Regierungsgeschäfte wahrzunehmen.

Sonnabend, 26. März 2011 *Vor 240 Jahren anno 1771* ward dies ein Dienstag. Dieser Tage besuchte mich in Potsdam für einige Wochen mein Freund von Hoditz. Erst in der zweiten Aprilhälfte kehrte er wieder auf sein Schloss nach Roßwald zurück. Immer wenn ich in Schlesien weilte, versuchte ich ‚meinen Freund ***Albert Joseph Reichsgraf von Hoditz*** und Wolframitz im mährischen Roßwald bei Hotzenplotz zu besuchen. Er war einstmals Kämmerer im Hofstaat von Kaiser Karl VI. Letztes Jahr habe ich ihn auf seinem Schloss in Roßwald besucht. Heute schenkte ich ihm eine von mir gedichtete Epistel, wo ich bekenne: „Die große Kunst ist: wahrhaft glücklich sein. Ein düstres Traumbild scheinet mir der Stolz. Es ist wohl schön, dem Throne sich zu nah'n; Doch schöner noch, sein eigner Herr zu sein. So wußtest Du mit überdachter Wahl Der Freiheit Glück der Größe vorzuziehn; Du, frei von allem Prunk, von allem Stolz, Geführt von der Natur, und, ohne daß Du selbst es denkst, ein Schüler Epikur's."

Sonntag, 27. März 2011 Zeitumstellung, heute beginnt die Sommerzeit. *Vor 275 Jahren anno 1736* ward dies ein Dienstag. Ich begab mich heute von Ruppin nach Potsdam, denn nicht nur Ostern stand vor der Tür, ebenso galt es, den Geburtstag meiner Mutter zu feiern. Gleichsam sah ich mich gezwungen, mich meinem Vater devot zu zeigen und ihm meine Unterwürfigkeit beweisen.

Montag, 28. März 2011 *Vor 265 Jahren anno 1746* ward dies gleichsam ein Montag. Heute kehrte ich von Berlin aus nach Potsdam zurück.

Dienstag, 29. März 2011 *Vor 265 Jahren anno 1746* ward dies gleichsam ein Dienstag. Ich weilte in Potsdam, wo es mir vergönnt war, die nächsten zwei Wochen zu bleiben.

Mittwoch, 30. März 2011 *Vor 235 Jahren anno 1776* ward dies ein Sonnabend. Ich befand mich an diesem Tag in Potsdam.

Donnerstag, 31. März 2011 *Vor 255 Jahren anno 1756* ward dies ein Mittwoch. Meine Schwägerin ***Wilhelmine***, die Frau meines Bruders Heinrich, kam heute zu mir nach Potsdam. Es gab da einige Eheprobleme zu lösen. Anschließend reiste sie weiter nach Kassel.

Der April
- lateinisch Aprilis und altdeutsch Launing oder Ostermonat

Im April begannen die Krautgewächse, zu blühen. Viele Vögel bauen ihre Nester und die Kröten fingen mit ihren Laichwanderungen an. In meinen Gartenanlagen schützten die Nützlinge die sprießende Pracht vor Schneckenfraß und Raupenplagen. Im Wald zeigten sich die ersten Wildschweinfamilien mit ihren Frischlingen.

Solange das frühlingshafte Wetter und die Amtsgeschäfte es nur erlaubten, hielt ich mich vorzugshalber in meinem Lustschloss Sanssouci auf. Allerdings war es mir nicht vergönnt, vor Anfang oder Mitte April in meine Sommerresidenz Sanssouci umzuziehen. Manchmal verzögerte sich krankheitsbedingt die dortige Quartiernahme oder zeitweilig war ich durch soldatische Pflichten abgehalten, in meinem so sehr geliebten Sanssouci zu wohnen. Der Aufenthalt in Sanssouci wurde nur durch Regierungsgeschäfte, Reisen und Besuche unterbrochen, doch kehrte ich zur Sommerzeit immer wieder regelmäßig dahin zurück. Ich liebte mein Lustschloss nicht nur wegen der schönen Aussicht und der guten Luft halber, sondern auch, weil ich mir linker Hand dort mit der Bildergalerie eine bis dato einzigartige Kunstkultstätte schuf. Da verweilte ich oft, allein oder in Begleitung meiner Gesellschafter und betrachtete die Kunstwerke oder beliebte an ihnen vorbei zu promenieren.

Vor Ostern lag die Fastenzeit, die in meinen Küchenzetteln ihren Niederschlag fand. Jetzt gab es Gerichte mit dem ersten, frischen Grün und einer Knolle, die Heilkraft versprach. Frische Zwiebeln, Löwenzahn und knackige Salate kamen auf den Tisch des Königs und duftende Kräuter verfeinerten die Speisen. Aber auch allerlei Vogeltiere landeten in meinen Töpfen. In der Osterzeit bereiteten die Hofköche mir gerne Lammbraten mit Rauchfleisch und Meerrettich. Gelegentlich kam aus Schlesien um diese Zeit safrangelbes Brot auf die königliche Tafel. In der Woche vor Ostern aß ich Fisch, sehr gerne Stör. Dieser gewichtige urtümliche Fisch war anno dazumal durchaus noch in preußischen Gewässern beheimatet.

Nashorn Clara zu Besuch beim König

April-Geschichte:

Potsdam, 28. April anno 1746 vor 265 Jahren:

Einladung für Rhinozeros Clara in Potsdam

Exotische Länder, Pflanzen und Tiere fanden immer wieder sehr stark mein königliches Interesse. Das galt ganz besonders für das erste Nashorn, was nachweislich auf dem europäischen Kontinent seine Ankunft um viele Jahre überlebte. Alle vier Nashörner, die vorher lebend europäischen Boden betraten, starben kurze Zeit nach ihrer Ankunft. Im Alter von sechs Jahren ging das ungewöhnliche Tier auf eine Reise durch ganz Europa und erlangte legendäre Berühmtheit. Es war das erste Nashorn, was preußischen Boden betrat.

Indische Jäger hatten 1738 seine Mutter getötet und so kam das Nashornbaby mit einem Monat in menschliche Pflege. Der Name dieses einzigartigen Panzernashornes war Clara. Nach dem jagdbedingten Tod der Mutter hatte es der Direktor der Niederländischen Ostindien-Kompanie in Bengalen in Obhut genommen. Im Jahr meiner Thronbesteigung anno 1740 wurde das junge

Nashornmädchen an Kapitän Douwe Jansz Mout verkauft. Von klein an lebte es in menschlicher Umgebung. Es verzehrte gar menschliche Genussmittel wie Tabak, Bier und Orangen, womit es 1741 auf der langen Schiffsreise nach Europa ruhiggestellt werden konnte. Der Kapitän Douwe Jansz Mout hatte es aus Bengalen nach Rotterdam gebracht und drei Jahre später begab Clara sich auf Ausstellungsreise durch Europa.

Dieses echte Rhinozeros reiste nunmehro aus Berlin in Potsdam an. Tags zuvor besichtigte ich dieses seltene Tier bereits auf dem Spittelmarkt zu Berlin. Nashorn Clara wurde in Öl gemalt und auf Porzellantellern und Tassen abgebildet. Aber auch der findige Kapitän sonnte sich im Lichte der Nashornpopularität. Nachdem es bei mir zu Besuch weilte, da wollte gleichsam Kaiser Franz I. es sehen. Er erhob kurz entschlossen Käpten Douwe Jansz Mout in den Adelsstand und seitdem nannte er sich van der Meer.

Käpten Douwe Jansz Mout hatte sein berühmtes Nashorn auf dem Spittelmarkt zu Berlin zwischen den Fischständen präsentiert. Dort wurde die trockene Nashornhaut mit Fischöl befeuchtet. Schnell erreichte mich die Kunde der Ankunft des Nashorns in meiner Residenz. Ich ging zum Spittelmarkt, um mir dieses sagenumwobene Getier anzuschauen. Ich war von seiner Mächtigkeit sehr angetan. Vor aller Öffentlichkeit übergab ich dem Schausteller 12 Dukaten. Am nächsten Tag ließ ich nochmals sechs zusätzliche Dukaten folgen.

Daraufhin machte sich Nashorn Clara für eine Woche zu mir nach Potsdam auf und wurde öffentlich zur Schau gestellt. So kannte im 18. Jahrhundert jedes Potsdamer Kind das weit gereiste Nashorn Clara. Ab Freitag folgender Woche kehrte es nochmals nach Berlin zurück. Als Skulptur dominierte das Nashorn einige Jahre den Luisenplatz in Potsdam. Der Koloss war weit sichtbar, aber nur wenige, die dort das Nashorn betrachten, wussten um den wahren Hintergrund dieses königlichen Rhinozerosses. Doch zu allem Überfluss nannte es einer der Potsdamer Ratsherren Vincent, nur weil Vincent van Gogh als Nashorntrophäensammler galt. Nachdem es zu Beschädigungen an der Nashornskulptur kam, verschwand leider dieses schöne Kunstwerk.

Freitag, 1. April 2011 *Vor 235 Jahren anno 1776* ward dies ein Montag. Ich weilte in Potsdam und begab mich dieser Tage nach Sanssouci. Dies war ein bedeutsamer Tag. Ich hatte die Order erteilt zur Errichtung einer allgemeinen Witwen-Verpflegungs-Anstalt. Heute wurde nun die **Witwen-Kasse** gegründet.

Sonnabend, 2. April 2011 *Vor 265 Jahren*

anno 1746 ward dies gleichsam ein Sonnabend und ich residierte in Potsdam.

Sonntag, 3. April 2011 *Vor 255 Jahren anno 1756* ward dies ein Sonnabend. Auf seiner Rückreise besuchte mich heute in Potsdam erneut der Herzog ***von Nivernais***. Erst morgen wird er seine Reise von hier fortsetzen.

Montag, 4. April 2011 *Vor 240 Jahren anno 1771* ward dieser Tag ein Donnerstag, an dem ich in Potsdam verweilte und heute erneut der Marquise ***Babett d'Argens*** schrieb. Ihr Mann, mein langjähriger Freund d'Argens war leider am 12. Januar in Frankreich verstorben, kurz bevor er zu mir nach Potsdam aufbrechen wollte. Ich teilte der Witwe mit: „Ich danke Ihnen für die umständliche Nachricht, die Sie mir von der Krankheit und dem Tode meines lieben Marquis zugesandt haben; sie hat mich äußerst gerührt. Warum ist er doch nicht bei uns geblieben! Vielleicht lebte er noch. Man schmeichelt sich gern mit dem, was einem interessiert. Ich fühle, wie ich Ihnen schon gesagt, Ihren ganzen Verlust, er ist unersetzlich; alle Thränen, allen Kummer werden den aber nicht ins Leben zurückrufen, der einmal dahin ist. Sie müssen sich endliche in Ihren Scherz zu finden wissen, und nicht durch vergebliches Sehnen Ihr Uebel von Neuem reizen. Ich werde es gewiss mit Vergnügen hören, wenn Sie so glücklich sind, wie ich wünsche, und wenn die Familie des guten Marquis so viel zu Ihrer Zufriedenheit beiträgt, als Sie zu erwarten berechtigt sind.“ Es folgte sogleich ein zweiter Brief der Witwe an mich und ich antworte hierauf sogleich: „Ihr zweiter Brief kommt mir so eben zu Händen. Hier wird Niemand einen üblen Gebrauch von dem machen, was Sie mir melden, darauf verlassen Sie Sich. Ich wünsche, daß Sie mit Achtung zufrieden sein mögen, die Ihnen Ihre Familie ohne Zweifel beweisen wird. Kämen Sie aber in den Fall, gegen ein und anderes Verfahren, oder sonst worin, meine Hülfe nöthig zu haben; so lassen Sie es mich geradezu wissen. Melden Sie mir auch, ob man dem Marquis nicht ein Epitaphium könnte setzen lassen, und ob dies in dem Lande, worin Sie sind, ohne Nachtheil für Sie und ihn geschehen kann.“

Dienstag, 5. April 2011 *Vor 230 Jahren anno 1781* ward dies ein Donnerstag. Ich befand mich in Potsdam in **Sanssouci**.

Mittwoch, 6. April 2011 *Vor 255 Jahren anno 1756* ward dies ein Dienstag. Meine Schwester ***Amalie*** besuchte mich heute in Potsdam. Morgen wird sie weiterfahren nach Quedlinburg. Sie speiste mit mir an der Mittags- und Abendtafel.

Donnerstag, 7. April 2011 *Vor 225 Jahren anno 1786* ward dies ein Freitag und ich verharrte in Potsdam. Seit Ende März wurde mir vorgelesen aus Voltaires „Versuch über die Sitten und den Geist der Nationen“. Aber bis ich das alles habe zur Kenntnis nehmen können, da werden noch einige Wochen ins Land ziehen, zumal ich durch meinen angegriffenen Gesundheitszustand sehr geschwächt war.

Freitag, 8. April 2011 *Vor 240 Jahren anno 1771* ward dies ein Montag. Zu mir nach Potsdam kam heute der Minister ***Karl Wilhelm Finck von Finkenstein***.

Sonnabend, 9. April 2011 *Vor 225 Jahren anno 1786* ward dies ein Sonntag. Heute fanden wie auch an den kommenden vier Tagen in Potsdam meine Vorlesungen statt. Ich hörte aufmerksam meinem Vorleser zu, wie er mir Voltaires Werken vortrug. Wie schon seit Ende März so befasste ich mich da mit Voltaires Versuch über die Sitten und den Geist der Nationen.

Sonntag, 10. April 2011 *Vor 265 Jahren anno 1746* ward dieser Tag gleichsam ein Sonntag, an dem ich mich in Potsdam aufhielt. Erst am Mittwoch begab ich mich nach Berlin.

Montag, 11. April 2011 *Vor 260 Jahren anno 1756* ward dies ein Sonntag. Ich weilte in Potsdam und ging erst nach Ostern wieder nach Berlin. Heute fand die Inthronisierung meiner Schwester ***Amalie*** als Äbtissin in Quedlinburg statt.

Dienstag, 12. April 2011 *Vor 225 Jahren anno 1786* ward dies ein Mittwoch. Es besuchte mich heute in Potsdam der Minister ***von Finkenstein***. Er blieb knapp zwei Wochen bei mir. Mit meiner Gesundheit ging es tagtäglich bergab. Doch an einem der schönen nächsten Tage ließ ich mich um die Mittagszeit herum „auf die sogenannte grüne Treppe vor dem Schlosse in Potsdam tragen". Ich wollte noch einmal die Wärme der Sonnenstrahlen genießen und mich daran erquicken. Dabei bemerkte ich zwei **Schildwachen**, die zu meiner Sicherheit steif postierten und dabei das Gewehr scharf am Fuß trugen. Ich winkte einen der Soldaten heran und sagte mit gütigem Unterton: „Ihr könnt nicht so lange stehen, als ich hier sitzen kann." Ich erlaubte ihnen, entspannter zu meiner Sicherheit zu verharren.

Mittwoch, 13. April 2011 *Vor 230 Jahren anno 1781* ward dieser Tag ein Freitag. Meinem Freund **d'Alembert** schrieb ich heute von Potsdam aus über den in Berlin ausgebrochenen und von mir geschlichteten **Gesangbuchstreit**: „Wir haben hier eine kleine Unruhe in der Kirche über einen Gegenstand von der äußersten Wichtigkeit gehabt. Die Protestanten, wie Sie wissen, glauben, daß die Gottheit ihren Gesang liebe. Nun hat, ich weiß nicht welcher Deutsche Dichter, in diesen schönen Gesängen einen Haufen Ungereimtheiten anzutreffen gemeint und neue verfertigt, die nach seiner Meinung des höchsten Wesens würdiger wären. Dies hat eine Spaltung in der Kirche verursacht; ein Theil hält es mit den alten Gesängen, der andere mit den neuen. Das Volk schrie über Ketzerei, ohne zu wissen, warum; die Priester waren eifersüchtig auf einander und wollten sich schon in den Bann thun; die Buchhändler mischten sich mit in den Hader; einige hatten ganze Ausgaben von den neuen Gesängen, die sie verkaufen wollten, andere ihren Laden noch ganz voll von den alten, die sie nicht hätten an den Mann bringen können, wenn die neue Moden den Vorzug erhalten hätte. In dieser Verwirrung des Streits brachte jeder Theil bei mir seine Klage an, und als unpartheiischer Richter entschied ich: daß ein jeder Gott loben könne, wie er es am Schicklichsten finde. Und so ist der Frieden in der Kirche wieder hergestellt."

Donnerstag, 14. April 2011 *Vor 245 Jahren anno 1766* ward dies ein Montag. Ich weilte in Potsdam.

Freitag, 15. April 2011 *Vor 225 Jahren anno 1786* ward dies ein Sonnabend. Von Potsdam aus schrieb ich heute an **Mirabeau**. Ich lade Mirabeau nochmals zu einer Audienz ein. Obwohl ich unter meinen gesundheitlichen Problemen sehr litt, soll er am morgigen Tag zu mir kommen. Ansonsten hatte ich einen festen Schlaf nötig, sodass ich wie schon gestern auch, die Vorlesungen ausfallen ließ.

Sonnabend, 16. April 2011 *Vor 225 Jahren anno 1786* ward dies ein Sonntag. Aus Berlin kam heute zu mir ins Potsdamer

Stadtschloss der berühmte französische Diplomat und Schriftsteller **Graf Mirabeau**. Es ist die zweite Audienz, die ich ihm gewährte.

Sonntag, 17. April 2011 Heute ist Palmsonntag. *Vor 225 Jahren anno 1786* ward dieser Tag ein Montag. Heute verließ ich meine Residenz im Potsdamer Stadtschloss und begab mich früh um 6 Uhr nach Sanssouci. Dabei nutzte ich den schönen Morgen und machte mit der Kutsche einen großen Umweg von einigen Meilen über **Kaputh**, **Ferch**, **Petzow** und **Baumgartenbrück**. Vor meiner Abfahrt erteilte ich in aller Frühe noch eine Kabinetsordre. an die Kurmärkische Kammer. Mein Lesestoff besteht weiterhin aus Voltaires Werken, auch heut liest mir mein Vorleser aus Voltaires „Versuch über die Sitten und den Geist der Nationen".

In meiner unmittelbaren Umgebung befanden sich dieser Tage Graf ***Karl Friedrich Adam von Görtz***, Oberstallmeister Graf ***von Schwerin***, der Kammerherr ***Girolamo von Lucchesini*** und Graf ***Ignaz Graf von Pinto***.

Montag, 18. April 2011 *Vor 255 Jahren anno 1756* ward dies ein Sonntag, an dem wir das **Osterfest** feierten. Ich verbrachte den Ostersonntag in Potsdam.

Dienstag, 19. April 2011 *Vor 225 Jahren anno 1786* ward dies ein Mittwoch. Ich weilte in Sanssouci und erfreute mich am Naturschauspiel um meinen Weinhügel herum, meistens sitzend in meinem Ohrensessel. Heute trug mein Vorleser mir wieder Passagen aus Voltaires Werken vor.

Mittwoch, 20. April 2011 *Vor 235 Jahren anno 1776* ward dies ein Sonnabend. Ich verharrte seit Wochen in Potsdam. Sobald es das Wetter erlaubt, wollte ich in meine Sommerresidenz Sanssouci umziehen. An meinen Philosophenfreund ***Voltaire*** schrieb ich heute: „In Frankreich sieht man, wie wenig diese Gesellschaft an das Wohl des Staates denkt. Herr Türgot hat in den Papieren seiner Vorgänger sogar die Summen gefunden, die es Ludwig XV gekostet hat, seine Parlamentsräthe zu bestechen, damit er, ich weiß nicht welche Edicte, registrirt bekäme."

Donnerstag, 21. April 2011 Heute ist Gründonnerstag. *Vor 265 Jahren anno 1746* ward dies gleichsam ein Donnerstag. Von Charlottenburg aus begab ich mich heute nach Potsdam.

Freitag, 22. April 2011 Heute ist Karfreitag. *Vor 240 Jahren anno 1771* ward dies ein Montag. In Potsdam trafen heute meine Neffen aus Schweden ein. Es kamen zu mir der König ***Gustav III. von Schweden*** und sein Bruder ***Friedrich Adolf***, Herzog von Ostgotland. Sie waren die Söhne meiner Schwester Ulrike.

Sonnabend, 23. April 2011 *Vor 255 Jahren anno 1756* ward dies ein Freitag. Meine Schwester ***Amalie*** besuchte mich auf zwei Tage in Potsdam. Vor wenigen Tagen hatte sie ihren Dienst als Äbtissin von Quedlinburg angetreten.

Sonntag, 24. April 2011 Heute ist Ostersonntag. *Vor 240 Jahren anno 1771* ward dies ein Mittwoch. Ich genoss hohen Familienbesuch. Es weilten bei mir meine schwedischen Neffen. Sie besahen heute Sanssouci und die Stadt Potsdam.

Montag, 25. April 2011 Heute ist Ostermontag. *Vor 225 Jahren anno 1786* ward dies ein Dienstag. Ich residierte in Potsdam-Sanssouci. Mein Gesundheitszustand war weiterhin sehr labil, deshalb ließ ich heute die Vorlesestunde ausfallen. Aber morgen wurde mir wieder aus Voltaires Werken vorgelesen.

Dienstag, 26. April 2011 *Vor 230 Jahren anno 1781* ward dies ein Donnerstag. Seit Beginn des Jahres lag meine neue Prozeß-Ordnung den Gerichten vor. Nun setzte ich von Potsdam aus „mittels Patent die **neue Prozeß-Ordnung**“ ausdrücklich in den gesamten preußischen Staaten in Kraft.

Mittwoch, 27. April 2011 *Vor 255 Jahren anno 1756* ward dies ein Dienstag. Es begannen heute in Potsdam die Intermezzi, die durchzogen von köstlicher Heiterkeit mit Musik, Tanz und Spiel bis Sonntag andauerten.

Donnerstag, 28. April 2011 *Vor 265 Jahren anno 1746* ward dieser Tag gleichsam ein Donnerstag. Es wurde mir das **Rhinozeros** Clara nach Potsdam gebracht.

Freitag, 29. April 2011 *Vor 255 Jahren anno 1756* ward dies ein Donnerstag. Ich residierte in Potsdam und im „Langen Stall“ gab heute die **Schuchsche Truppe**, die seit dem 12. April in der Stadt weilte, ihre erste Vorstellung. Unter den Artisten war eine englische Kindergruppe, die sich als Seiltänzer hervortaten.

Sonnabend, 30. April 2011 *Vor 260 Jahren anno 1751* ward dieser Tag ein Freitag. Heute war bei mir in Potsdam zu Gast Großkanzler ***Samuel Freiherr von Cocceji***.

Der Mai
- lateinisch Majus altdeutsch Weidemonat

Bevor ich in Berlin den Vorbeimarsch meiner Truppen abnahm, fand zumeist zuerst in Potsdam die Heerschau statt. Immer um den 16. bis 17. Mai herum wurde in Potsdam „Revue“ gehalten. Danach kamen die Manöver in Berlin und anderenorts dran.

Im Mai dufteten überall wunderbar die Maiglöckchen und die Blumenpracht von Mohn, Kamille und Sonnenblumen durchzog Wiesen, Wald und Felder. Das Rotwild in Preußens Wäldern hatte bereits Junge bekommen und auch bei Eulen und Greifvögeln war der Nachwuchs angekommen. Die jungen Singvögel hüpften im Garten von Sanssouci und bei den Weinbergschnecken auf den Terrassen meines Lustschlosses war Paarungszeit.

Die Hofküche verarbeitete frisch geerntete Artischocken. Zum Essen gab oftmals die Maibowle, die aus frischem Waldmeister mit Wein und Champagner angesetzt wurde. Die Köche bereiteten aus edlen Filets wohlschmeckenden Tatar, angereichert mit frischen Zwiebeln und Kräutern. Jetzt schmeckten mit Majoran gewürzte Speisen am besten. Es kamen frischer Spinat und junge Teltower Rübchen auf den königlichen Tisch.

Eigenhändige Entwurfsskizze des Königs
von der Gartenseite des Potsdamer Stadtschlosses

Mai-Geschichte:

Potsdam, 19. Mai anno 1751 vor 260 Jahren:

Potsdam Stadtschloss renoviert als prachtvolle Residenz

Einst ward es die Burg meiner kurfürstlichen Vorfahren, die im Laufe der Zeit zum Schloss umgebaut wurde. Doch sein endgültiges Aussehen bekam das Potsdamer Stadtschloss erst durch meine Thronbesteigung. Mein Vater Friedrich Wilhelm I. reparierte es nur sehr notdürftig und verkaufte einen Großteil des wertvollen Inventars. Der Soldatenkönig zeigte wenig Interesse am Stadtschloss. Für ihn hatte es lediglich einen Nutzwert als sein privates Potsdamer Wohnquartier. Erst ich machte daraus ein prächtiges Residenzschloss. Ab 1743 bezog ich dort eine Wohnung.

Ich war sehr unzufrieden mit dem äußeren Erscheinungsbild des Stadtschlosses. Mein Freund und Baumeister Georg Wenzeslaus von Knobelsdorff fertigte nach meinen Vorgaben Zeichnungen zur Umgestaltung des maroden Schlosses. Sie begannen 1744 mit dem Einbau eines vorgezogenen Treppenhauses, welches in den Innenhof ragte. Nun sollte die Fassade grundsätzlich neu gestaltet werden. Um diese Fragestellung kam es mit Knobelsdorff leider zu heftigen Auseinandersetzungen. Doch ich konnte mich durchsetzen und es gelang, das notwendige einheitliche Bild für die gänzlich neue Fassade zu schaffen. Von 1744 bis 1751 zogen sich die Baumaßnahmen am Schloss hin. Durch meine Baumeister Knobelsdorff und Johann Michael Hoppenhaupt d.Ä. ließ ich den Marmorsaal des Potsdamer Stadtschlosses zur Ruhmeshalle für meinen Urgroßvater ausgestalten. Mit dem neuen Marmorsaal wollte ich meinen Urgroßvater, den Großen Kurfürsten, ehren.

Nunmehr erstrahlte als Perle der Umbauten der fertiggestellte Marmorsaal. Nach sieben Jahren war er endlich vollendet und wurde heute von mir im Rahmen einer Tafelrunde eingeweiht. Das Schloss erhielt eine prachtvolle Innenausstattung und galt fortan als eines der Hauptwerke meines Friderizianischen Rokokos, wie Nachgeborene meine Regierungszeit nannten.

<u>Sonntag, 1. Mai 2011</u> Heute ist Maifeiertag. *Vor 255 Jahren anno 1756* ward dies ein Sonnabend. Ich weilte in Potsdam und erahnte Schlimmes. Die bisherige preußisch-französische Allianz sollte nicht wieder erneuert werden. Frankreich verbündete sich im **Vertrag von Versailles** mit Österreich. Einstweilen genoss ich heute ein Intermezzo. Es kam „Il Impresario“ kurz zur Aufführung. Aber anstatt des dritten Aktes wurde die „Komödie von Pantalon Pollichinello und Colombine“ gespielt.

<u>Montag, 2. Mai 2011</u> *Vor 255 Jahren anno 1756* ward dieser Tag ein Sonntag. Der Herzog ***Friedrich Eugen von Württemberg*** verabschiedete sich heute von mir in Potsdam und ging morgen nach Stuttgart.

<u>Dienstag, 3. Mai 2011</u> *Vor 230 Jahren anno 1781* ward dies ein Donnerstag. Von Berlin aus kommend erreichte ich heute meine Residenz in Potsdam.

<u>Mittwoch, 4. Mai 2011</u> *Vor 245 Jahren anno 1766* ward dieser Tag ein Sonntag. Ich befand mich in Potsdam. Bei mir war dieser Tage der Generalfeldmarschall Herzog ***Ferdinand von Braunschweig*** eingetroffen, der als Gouverneur in Magdeburg wirkte, der sichersten Festungsstadt Preußens.

<u>Donnerstag, 5. Mai 2011</u> *Vor 225 Jahren anno 1786* ward dies ein Freitag. Jetzt genoss ich das schöne sonnenreiche Wetter in Potsdam Sanssouci.

<u>Freitag, 6. Mai 2011</u> Vor 245 Jahren anno 1766 ward dies ein Dienstag und ich traf in Begleitung des Herzogs ***Ferdinand von Braunschweig*** in Potsdam ein.

<u>Sonnabend, 7. Mai 2011</u> *Vor 240 Jahren anno 1771* ward dies ein Dienstag. Heute schrieb ich von Sanssouci aus meinem Brieffreund ***d'Alembert***: „Wir wollen uns trösten, mein lieber d'Alembert; wir werden nicht die Einzigen sein, die dazu verdammt sind, auf immer unwissend über das göttliche Wesen zu bleiben. Mir fällt oft jener Englische Vers ein: ‚Zum Handeln lebt der Mensch; und Du verlangst zu denken?‘ Ich kann Ihnen nicht sagen, wie sehr Ihre Franzosen mich ergötzen. Diese, nach lauter Neuem so begierige Nation, gewährt mir beständig neue Auftritte;

bald ist es die Verjagung der Jesuiten; bald die Beichtscheine; die Aufhebung des Parlaments; die Zurückberufung der Jesuiten; alle drei Monate neue Minister. Kurz, sie allein geben dem ganzen Europa Stoff zur Unterhaltung. Wenn die Vorsehung bei Erschaffung der Welt (vorausgesetzt, daß sie sie erschaffen) an mich gedacht hat; so hat sie gewiß dies Volk zu meiner Nebenbelustigung hervorgebracht. Lassen Sie die schwarzen Gedanken fahren, mein lieber d'Alembert. ***Besser, über die Narrheiten der Menschen zu lachen, als darüber zu weinen! Verscheuchen Sie ihre Schwermuth durch frohe Vorstellungen, und wenn Sie aus einer Quelle guter Laune schöpfen wollen, so kommen Sie zu uns.***"

Sonntag, 8. Mai 2011 Heute ist Muttertag. *Vor 230 Jahren anno 1781* ward dies ein Dienstag. Ich weilte in Potsdam. Nunmehro erfolgte Preußens Beitritt zu dem am 9. Juli 1780 zwischen Russland und Dänemark geschlossenen Vertrag über eine bewaffnete **Neutralität zur See**.

Montag, 9. Mai 2011 Heute ist Europatag. *Vor 260 Jahren anno 1751* ward dies ein Sonntag und ich weilte in Potsdam.

Dienstag, 10. Mai 2011 *Vor 225 Jahren anno 1786* ward dies ein Mittwoch. Heute kamen zu mir nach Sanssouci der Minister ***von Werder*** und der General ***von Möllendorff***. Möllendorff blieb bis Freitag. Deshalb fielen heute die Vorlesungen aus, die ich mir ansonsten gönnte.

Mittwoch, 11. Mai 2011 *Vor 255 Jahren anno 1756* ward dies ein Dienstag. Heute verbrachte ich die Nacht in meinem Lustschloss in Sanssouci. Der englische Gesandte ***Mitchell*** kam heute zu mir nach Potsdam und blieb bis Donnerstag.

Donnerstag, 12. Mai 2011 *Vor 255 Jahren anno 1756* ward dies ein Mittwoch. Ich genoss an diesem Tage in **Sanssouci** das schöne Mai-Wetter.

Freitag, 13. Mai 2011 *Vor 265 Jahren anno 1746* ward dieser Tag gleichsam ein Freitag. Von Potsdam aus brach ich heute auf zur **Kur** nach Bad Pyrmont. In meiner Begleitung befanden sich mein Bruder ***Heinrich***, ***Rothenburg***, ***Darget***, ***Quanz***, die beiden ***Benda*** und der Sänger ***Salimbeni***.

Sonnabend, 14. Mai 2011 *Vor 225 Jahren anno 1786* ward dies ein Sonntag. Ich verharrte krankheitshalber in Potsdam in Sanssouci.

Sonntag, 15. Mai 2011 *Vor 260 Jahren anno 1751* ward dies ein Sonnabend. Heute fand bei mir in Potsdam die **Ministerrevue** statt. Ebenso kam heute mein Freund Graf ***Rothenburg*** zu Besuch. Im letzten Monat stand ich in Berlin mehrfach an seinem Krankenbett, aber jetzt ging es ihm schon sichtlich besser.

Montag, 16. Mai 2011 *Vor 240 Jahren anno 1771* ward dies ein Donnerstag. Ich hielt heute bei Potsdam **Revue** über meine Soldaten.

Ich schrieb heute meinem Brieffreund d'Alembert. Besonders ging ich auf die Unsitte ein, grobe und boshafte Briefe von mir zu veröffentlichen, die ich niemals geschrieben hatte. Da gab es einige Fälscherwerkstätten, womit man mir Schaden zufügen wollte. Ich schreibe an ***d'Alembert***: „Mit meiner Gesundheit steht es, wie es bei einem Greise stehen kann, der achtzehn Anfälle von **Podagra** ausgehalten hat, und der seine Kräfte nicht sobald wieder erhält, als ein junger Mensch von 18 Jahren. Allein man wird mich allegorisch sterben lassen, so wie man mich Briefe im Kärnerton schreiben läßt und mir Ideen darin beilegt, die ich niemals gehabt habe. Ich bin Ihnen verbunden, daß Sie die Lüge des Zusammenschmierens jenes dummen Zeugs, welches er auf meine Rechnung hat setzen wollen, öffentlich gerügt haben. Ich meiner Seits könnte verlangen, daß die Regierung gegen den Urheber solcher Lüge eine Untersuchung aufstellte, allein ich räche mich ungern, und es geziemt mir nicht, gegen diese Art von Kämpfern aufzutreten. ***Ich lese die Betrachtungen des Kaisers Mark Antonins, der mich lehrt, ich sei in der Welt, meinen Beleidigern zu verzeihen, nicht aber meine Macht zu ihrer Unterdrückung anzuwenden.***"

Montag, 17. Mai anno 1756 *Vor 255 Jahren anno 1756* ward dies ein Montag, an dem ich in Potsdam weilte. Heute erklärte England seinem Konkurrenten Frankreich den Krieg. Beide stritten sich um ihre Besitztümer in der Neuen Welt, um Kanada und Indien. Damit begann in Amerika der Krieg, der in Europa als der **Siebenjährige Krieg** in die Geschichte einging und wodurch Preußen an den Rand seiner Existenz geriet.

Mittwoch, 18. Mai 2011 *Vor 255 Jahren anno 1756* ward dies ein Dienstag. Meine Schwägerin ***Wilhelmine***, die unglückliche Frau meines Bruders Prinz Heinrich, kam heute auf der Rückreise von Kassel durch Potsdam und wir hielten gemeinsam Tafelrunde. Heute verstarb die mir wohlbekannte Fürstin ***Marie Eleonore Radziwill***. Sie war die Schwester meines tapferen alten Fürsten Leopold von Anhalt-Dessau.

Donnerstag, 19. Mai 2011 *Vor 260 Jahren anno 1751* ward dies ein Mittwoch. Ich ließ heute in Potsdam die **Revue** passieren, hernach begab ich mich zur Tafel im neu erbauten **Marmorsaal** des Stadtschlosses.

Freitag, 20. Mai 2011 *Vor 260 Jahren anno 1751* ward dies ein Donnerstag. Ich verbrachte den ganzen Tag in Potsdam. Gegen Abend reiste ich über Charlottenburg nach Berlin, wo ich die nächsten Tage meinen Regierungsgeschäften nachging.

Sonnabend, 21. Mai 2011 *Vor 225 Jahren anno 1786* ward dies ein Sonntag. Ich verharrte in Potsdam und konnte leider dieses Jahr nicht an den Manövern in Berlin teilnehmen, die nunmehro ihren Lauf nahmen. Sie fanden aber entsprechend meinen Dispositionen und in Gegenwart des Prinzen von Preußen und vieler fremder Offiziere statt.

Sonntag, 22. Mai 2011 *Vor 255 Jahren anno 1756* ward dies ein Sonnabend. Ich verbrachte die heutige Nacht in meinem Lustschloss Sanssouci.

Montag, 23. Mai 2011 *Vor 255 Jahren anno 1756* ward dies ein Sonntag. Ich genoss das sommerliche Wetter in Sanssouci.

Dienstag, 24. Mai 2011 *Vor 255 Jahren anno 1756* ward dies ein Montag. Heute weilte ich in Sanssouci, aber ab morgen musste ich mich den Truppeninspektionen widmen.

Mittwoch, 25. Mai 2011 *Vor 255 Jahren anno 1756* ward dies ein Dienstag. Heute ließ ich in Potsdam die **Revue** passieren. Kriegsgefahr lag in der Luft und es kamen die Gesandten ***Valory*** und der englische Gesandte Lord ***Mitchell*** zu mir nach Potsdam. Sie werden bis morgen bleiben.

Donnerstag, 26. Mai 2011 *Vor 225 Jahren anno 1786* ward dies ein Freitag. Heute, wie auch gestern, kam in Sanssouci mein Vorleser wieder zu mir.

Freitag, 27. Mai 2011 *Vor 260 Jahren anno 1751* ward dies ein Donnerstag. Von Berlin aus begab ich mich heute nach Potsdam, wo ich bis Montag blieb.

Sonnabend, 28. Mai 2011 *Vor 230 Jahren anno 1781* ward dies ein Montag. Von meiner viertägigen Inspektions-Reise nach Magdeburg kehrte ich heute nach Sanssouci zurück.

Von Sanssouci aus schrieb ich meinen Brieffreund im fernen Paris über das Ende meines Erdenlebens, wobei ich meinem **Tod** fröhlich entgegen sah. Ich vermerkte an ***d'Alembert***: „***Wenn man das siebzigste Jahr berührt, so muß man zum Aufbruch bereit sein, sobald die Trompete das Zeichen zum***

Aufsitzen gibt. Wenn man lange gelebt hat, muß man die Nichtigkeit der menschlichen Dinge einsehen; und der Ebbe und Fluth von Glücks- und Unglücksfällen, die unaufhörlich einander folgen, müde, dieses Leben ohne Klage verlassen. Hat man nicht das, was man ehedem Hypochondrie nannte, jetzt aber weit eleganter Vapeurs nennt; so muß man dem Ziele fröhlich entgegen sehen, welches unsern Thorheiten, so wie unsern Qualen, ein Ende macht, und man muß sich freuen, daß uns der Tod von den Leidenschaften berfreit, die unsere Marter sind. Nach reiflicher Ueberlegung dieser ernsten Materie, denke ich meine frohe Laune so lange zu behalten, als meine armselige und zerbrechliche Maschine dauern wird, und ich rathe Ihnen, eben das zu thun. ***Weit enfernt, mich über mein nahes Ende zu beklagen, muß ich vielmehr das Publikum wegen meiner Unverschämtheit um Verzeihung bitten, so lange gelebt zu haben, und ihm zur Langenweile, zur Ermüdung und zur Last ganzer drei Viertheile eines Jahrunderts gewesen zu sein***, welches wahrlich kein Spaß ist.“

Sonntag, 29. Mai 2011 *Vor 235 Jahren anno 1776* ward dies ein Mittwoch. Die letzten Tage war ich auf meiner militärischen **Inspektionsreise** in der Gegend von Magdeburg. Heute kehrte ich nach Potsdam zurück. Nach der Beendigung der Soldaten-Revue machte ich dem General ***von Ramin*** „ein Geschenk von 7000 Talern.

Montag, 30. Mai 2011 *Vor 255 Jahren anno 1786* ward dies ein Dienstag. Seit Sonntag befasste ich mich mit Voltaires Jahrhundert Ludwigs XIV. Mein Vorleser trug mir in Sanssouci die entsprechenden Texte vor. Und auch morgen wird dies meine Lektüre sein. Es ist die Zeit, wo ich mich öfters auf die **Terrasse von Sanssouci** bringen ließ und wo ich mich dann der warmen Frühlingssonne erquicken konnte. Dabei richtete ich meinen Blick gegen die Sonne und sprach die Worte: „Bald werde ich Dir näher kommen.“ Mein Zeitgenosse Chodowiecki hat diese Scene in Kupfer gestochen.

Dienstag, 31. Mai 2011 Das ist der 271. Jahrestag meiner Thronbesteigung. *Vor 245 Jahren anno 1766* ward dies ein Sonnabend. Ich befand mich noch in Potsdam, plante aber, am Montag in Brandenburg bei meinem Freund ***Fouqué*** zu sein. Ich schrieb ihm heute: „Werthester Freund. Auf übermorgen, den 2. Juni, bitte ich mich ganz ohne alle Umstände, wie die Freundschaft es heischt, bei Ihnen zu Gaste. Ich freue mich zum Voraus, mein lieber Fouqué, auf das Vergnügen, Sie zu umarmen. Um elf Uhr bin ich bei Ihnen.“

Der Juni
- lateinisch Junius und altdeutsch Rosenmonat

Anfang Juni, meistens am 4. des Monats, kam ich aus dem Magdeburgischen mit Zwischenstation bei meinen Braunschweiger Verwandten in „Salztalen“, retour nach Sanssouci. Im Juni, in der Regel am 16. Juni alljährlich, ließ ich die Staatsminister zu mir nach Potsdam kommen, um mir über das verflossene Rechnungsjahr Rechenschaft abzulegen und um den neuen Etat vorzulegen. Diese Ministerrevue erfolgte meistens am 16. Juni in Potsdam im Stadtschloss oder in Sanssouci.

Im Sommermonat Juni grünte und blühte es überall in den Gartenanlagen von Sanssouci. Die Rosen erstrahlten in ihrer schönsten Pracht, auf Wiesen und in lichten Wäldern blühten in den Farben Brandenburgs die Orchideen rot und weiß. Die Schmetterlinge flatterten und in den Wäldern zeigte sich noch manch brauner Bär, die Jungen der Dammhirsche hatten weiße Streifen auf dem Rücken und am Abend leuchteten in der Dämmerung die Glühwürmchen. Auf den Seen und Teichen der Mark war die Brutzeit der Haubentaucher mit ihrem dunklen Federschopf gekommen.

Die Köche verarbeiteten im Juni viel frisches Saisongemüse. Es brach die Zeit der schönsten, gesündesten und appetitlichsten Gemüseteller des Jahres an. Es gab an der königlichen Tafel reichlich Bohnen in verschiedenen Farben als Gemüseschüssel, manchmal auch als Gemüsetorte. Zum Dessert wurden frische Erdbeeren gereicht. Erntefrisches Obst stand nun in Porzellanschalen überall verteilt in meinen Schlössern für mich und meine Gäste zum Verzehr bereit. Darauf legte ich allerhöchsten Wert.

Schlechter als sein Ruf: Quacksalber Doktor Zimmermann

Juni-Geschichte:

Potsdam, 6. Juni anno 1786 vor 225 Jahren:

Doktor Zimmermanns vergebliche Versuche

Das sommerliche Wetter brachte leider nicht die von mir erhoffte Genesung. Mein Krankheitszustand war äußerst besorgniserregend. Da wurde mir geraten, den berühmten Arzt Johann Georg Zimmermann einzuladen. Er sollte von Hannover zu mir nach Potsdam kommen, um für eine Besserung meines Gesundheitszustandes zu sorgen. Er war 16 Jahre jünger als ich und galt als einer der besten Mediziner meiner Zeit. Gleichsam war er der Verfasser des mir wohlbekannten Buches „über die Einsamkeit". Ich bat den berühmten Doktor Zimmermann, zu vierzehntägigen Konsultationen anzureisen. Er sollte mir Klarheit über meinen angegriffenen Gesundheitszustand verschaffen.

Das Einladungsschreiben „an den Hannöverschen Arzt Ritter von Zimmermann" schickte ich am 6. Juni auf Reisen und ich hoffte, er möge baldigst bei mir eintreffen. Der im Schweizer Kanton Bern geborene Mediziner war meine letzte Hoffnung. Zehn Tage später traf bei mir die positive Nachricht ein, dass Zimmermann bereit sei, nach Potsdam zu kommen. Er versprach, mir helfen zu wollen. Seine Zusage war datiert vom letzten Sonnabend. Sogleich übermittelte ich ihm ein Dankschreiben mit der nochmaligen Aufforderung, sobald als möglich zu mir zu kommen.

Bereits neun Tage später traf er dann tatsächlich in Potsdam ein. Die erste Audienz erfolgte am 24. Juni in aller Frühe um 8 Uhr. Es folgten noch viele. Täglich erschien er mehrmals bei mir. Gleich beim ersten Krankenbesuch fragte ich ihn: „Mein lieber Zimmermann, sage er mir, wie viele hat er auf den Acker gebracht, um einen gesund zu pflegen?" Er antwortete: „Vielleicht manche in meiner Jugend, als es mir an Erfahrung mangelte. Aber nun bin ich mehr furchtsam, als kühn." Ich antwortete ihm: „Sehr gut, sehr gut!" Denn ich hoffte wahrhaftig, er könne mir nun helfen.

Zugegeben, ich war ein eigensinniger Patient. Doch trotz meines Leidens war mein Appetit ungebrochen. Mein von Krankheit überwältigter alter Körper verspürte noch die Lust am Essen. Aber Zimmermann setzte mich auf Diät, was bei mir auf wenig Gegenliebe stieß. Mein erstaunenswerter Appetit auf solide Nahrung nutzte Zimmermann nicht als Behandlungsgrundlage. Er verschrieb mir ein „Extrakt von Löwenzahn", der bis zur Honigdicke eingekocht werden musste, um meinen Körper zu entschlacken und meine Wassersucht zu bekämpfen. Danach ging es mir kurzzeitig sichtlich besser und ich verspürte einen Bärenhunger, den mein Leibkoch Noel sogleich mit teuflisch scharf gewürzten Gerichten stillte. Den mir von Zimmermann auferlegten Diätplan befolgte ich nur teilweise und dann sehr widerwillig.

Morgens und abends versuchte er, mich zu kurieren. Insgesamt führte ich 33 Unterredungen mit ihm. Ich sprach mit Ritter Zimmermann aber nicht nur über meine eigenen Leiden, sondern auch über die notwendig erachtete allgemeine Verbesserung der Medizin. Deshalb berief ich sogleich Dr. Fritze aus Berlin zu mir nach Potsdam. Ich werde bereits in ein paar Tagen mit ihm über die Verbesserung des Lazarettwesens sprechen.

Was meinen eigenen Gesundheitszustand anging, da gab es leider keinerlei Verbesserungen. Die in Zimmermann gesetzten Hoffnungen erfüllten sich nicht. Seine über zwei Wochen andauernden medizinischen Untersuchungen und Verordnungen zeigten nicht den erhofften Erfolg. Daraufhin rief ich meine Ärzte Frese und Selle zu mir nach Potsdam. Sie sollten meine Behandlung fortsetzen.

Der große Zimmermann reiste am Morgen des 11. Juli wieder ab, ohne mich wirklich von meinen Leiden zu befreien. Er hatte nichts Besseres zu tun, als nach Braunschweig zum Hofe meiner Schwester zu fahren, um über meine Krankheiten zu berichten und meinen Familienangehörigen Sand in die Augen zu streuen. Meiner Schwester Charlotte von Braunschweig schieb ich hernach als treuer Bruder und Diener: „Meine verehrungswürdige Schwester – der hannoversche Doktor hat sich bei Ihnen wichtig machen wollen, meine gute Schwester; aber die Wahrheit ist, daß er mir nichts genützt hat. Die Alten müssen den Jungen Platz machen, damit jedes Geschlecht für sich Raum findet, und wenn wir den Lauf des Lebens genau untersuchen, so besteht er darin, daß man seine Mitgeschöpfe sterben und geboren werden sieht.“ Dies war einer der letzten Briefe, die ich an ein Mitglied meiner Familie verfasste. Eine Woche später verstarb ich und war in aller Ruhe von dieser Welt gegangen.

Der geltungssüchtige Ritter Zimmermann schlachtete zwei Jahre später sensationssüchtig seine Gespräche mit mir in einem Buch aus. Der Titel lautet: „Über Friedrich den Großen und meine Unterredungen mit Ihm kurz vor seinem Tode“.

Mittwoch, 1. Juni 2011 *Vor 240 Jahren anno 1771* ward dies ein Sonnabend. Heute tagte bei mir in Potsdam die „Minister-Conferenz“, genannt **Minister-Revue**.

Donnerstag, 2. Juni 2011 Heute ist Christ Himmelfahrt. *Vor 255 Jahren anno 1756* ward dies ein Mittwoch. Es besuchte mich heute in Potsdam Feldmarschall ***Jakob Keith***.

Freitag, 3. Juni 2011 *Vor 255 Jahren anno 1756* ward dies ein Donnerstag, an dem ich in Potsdam in Sanssouci weilte.

Sonnabend, 4. Juni 2011 *Vor 255 Jahren anno 1756* ward dies ein Freitag. Ich begab mich von Sanssouci aus in das Potsdamer Stadtschloss. Heute befand sich der Akademiker ***Maupertuis*** zu Besuch bei mir und General ***Graf Schwerin*** geht nach Stargard zur Revue.

Sonntag, 5. Juni 2011 *Vor 255 Jahren anno 1756* ward dies ein Sonnabend. Ich befand mich in Potsdam, habe mich aber noch weiter nach Berlin begeben.

Montag, 6. Juni 2011 *Vor 225 Jahren anno 1786* ward dies ein Dienstag. Den Arzt ***Johann Georg Zimmermann*** aus Hannover lud ich heute zu mir nach Potsdam zu vierzehntägigen Konsultationen ein. Der ***Herzog von Kurland*** kam auf Besuch nach Potsdam und er behauptete später, er habe mit mir gespeist.

<u>Dienstag, 7. Juni 2011</u> Vor 263 Jahren anno 1748 ward dies ein Freitag und ich weilte in Potsdam. Ich versuchte meinen Gesundheitszustand zu bessern, deshalb begann ich morgen eine **Brunnenkur**.

<u>Mittwoch, 8. Juni 2011</u> *Vor 225 Jahren anno 1786* ward dies ein Donnerstag. Ich befand mich in Sanssouci. Mein Krankheitszustand verschlimmerte sich von Tag zu Tag.

<u>Donnerstag, 9. Juni 2011</u> *Vor 240 Jahren anno 1771* ward dies ein Sonntag. Heute kehrte ich von einer **Inspektionsreise** nach Potsdam-Sanssouci zurück.

<u>Freitag, 10. Juni 2011</u> *Vor 265 Jahren anno 1746* ward dies gleichsam ein Freitag. Vor zwei Tagen reiste ich von **Pyrmont** ab und erreichte nach über drei Wochen Kuraufenthalt wieder Potsdam.

<u>Sonnabend, 11. Juni 2011</u> *Vor 245 Jahren anno 1766* ward dies ein Mittwoch. Heute beorderte ich die Minister von Massow, von Blumenthal und von Hagen zu mir nach Potsdam, „zur sogenannten **Ministerrevue**", die erst morgen endigte.

<u>Sonntag, 12. Juni 2011</u> Heute ist Pfingstsonntag. *Vor 265 Jahren anno 1746* ward dies gleichsam ein Sonntag. Ich befand mich heute in Potsdam.

<u>Montag, 13. Juni 2011</u> Heute ist Pfingstmontag. *Vor 255 Jahren anno 1756* ward dies ein Sonntag. Ich weilte heute in Potsdam und verbrachte die Nacht in Sanssouci.

<u>Dienstag, 14. Juni 2011</u> *Vor 230 Jahren anno 1781* ward dies ein Donnerstag. Ich teilte meinem Brieffreund d'Alembert mit, ich sei froh, wieder in meiner Klause zu sein. Damit meinte ich mein Lustschloss Sanssouci. Eigentlich hatte ich versprochen, ihm heitere Dinge mitzuteilen. Aber mich beschäftigte der **Tod** und das Ende des eigenen Lebens sehr nachhaltig. So schrieb ich **an d'Alembert**: „***es treibt mich an, meine übrigen Tage mit den Alten zu verleben, deren Gesellschafter ich bald sein werde, und es entfernt mich von den Neuern***, mit denen es sich nicht der Mühe lohnt, Bekanntschaft zu machen. Bei diesem Anfange denken Sie aber ja nicht, daß ich Vapeurs habe, ich versichere Sie, daß dem nicht so ist. Ich sehe in den Händen der Parzen den Faden meiner Tage sich kürzen, ohne daß es mich rührt. Die tägliche Erfahrung ist meine Schule, die uns den Wechsel unsers Wesens lehrt; die feinen Theilchen, die wir durch die unmerkliche Ausdünstung verlieren, die verschiedenen Absonderungen des Körpes, so wie die Aderlässe, gewöhnen uns, theilweis zu sterben; so werden wir mit dem Gedanken vertraut, einzelne Theile unsers Selbst zu verlieren, und gewinnen Muth, mit stoischem Blick die gänzliche Auflösung der Materie, woraus wir zusammengesetzt sind, zu sehen. Aber, ***wenn nun die Einbildungskraft erlischt, wenn das Gedächtnis untreu wird, wenn das Gesicht abnimmt oder sich verdunkelt, dann lehnt sich bei den meisten Menschen die Eigenliebe wieder die Zeit auf, welche ihnen Eigenschaften raubt, die sie unzerstörbar wähnten. Die Bewunderung, die sie für ihre vermeinten Vollkommenheiten hegten, verursacht bei ihnen die lächerlichsten Klagen über den Verlust einiger vergänglicher Eigenschaften ihres Wesens, und sie denken nicht daran, daß sie im vorigen Jahrhundert nichts waren, und im künftigen nichts sein werden.*** Noch könnten die Greise einen Trost darin finden, wenn sie bedenken wollten, daß nur Zeitgenossen wahre Freunde sind, und daß dieses unschätzbare Gut des Weisen, die Freundschaft, für ihn verloren geht, wenn er seine Laufbahn bis in die zweite oder dritte Generation fortsetzt. Die so verschiedenen Arten zu denken und zu handeln lassen sich nicht zusammen schmelzen; ***alte Leute stehen daher einzeln in der Gesellschaft***; so wie man unter dem Schlagholz einige alte Eichen antrifft, die dem Ungemach des Wetters widerstanden haben, und deren verdorrter und gelber Gipfel über die Spitzen der jungen Bäume um Vieles hervorragt."

Mittwoch, 15. Juni 2011 *Vor 225 Jahren anno 1786* ward dies ein Donnerstag. Heute wurden in Potsdam für zwei Tage sämtliche Minister aus Berlin einbestellt. Ich rief die Minister trotz meiner gesundheitlichen Verschlechterung zur gewöhnlichen Ministerkonferenz. An der **Minister-Revue** nahm auch der „Geh.-Finanzrath ***de Launay***" teil, der übers Wochenende bei mir blieb.

Donnerstag, 16. Juni 2011 *Vor 225 Jahren anno 1786* ward dies ein Freitag. Ich verharrte in Sanssouci. Heute erreichte mich der Brief des Mediziners Ritter ***Zimmermann***, datiert vom letzten Sonnabend, dass er breit sei, zu mir zu kommen.

Freitag, 17. Juni 2011 *Vor 225 Jahren anno 1786* ward dies ein Sonnabend. Ich wartete in Sanssouci auf das baldige Eintreffen des Doktors ***Zimmermann*** aus Hannover.

Sonnabend, 18. Juni 2011 *Vor 245 Jahren anno 1766* ward dies ein Mittwoch, an dem ich von Charlottenburg aus kommend in Potsdam eintraf, wo ich die nächsten Tage verblieb.

Sonntag, 19. Juni 2011 *Vor 265 Jahren anno 1746* ward dieser Tag gleichsam ein Sonntag. Ich verbrachte diesen Tag in Potsdam. Ebenso siedelten nunmehro Prinz ***Ferdinand*** und mein Freund ***Bielfeld*** nach Potsdam über.

Montag, 20. Juni 2011 *Vor 235 Jahren anno 1776* ward dies ein Donnerstag. Der Kapellmeister ***Reichardt*** kam am Nachmittag gegen 3 Uhr zu mir nach Potsdam. Wir wählten die Aufführungen aus, die aus Anlass des Besuchs des russischen Großfürsten gespielt werden sollten. Es waren dies die Opern „Attilius Regulus" und „Angelika und Medoro". Marcus Atilius Regulus verkörperte um 250 vor Christi als antiker Feldherr und Politiker die klassischen römischen Tugenden. Johann Adolf Hasse hatte daraus eine Oper gemacht. Die Oper „Angelika und Medoro" ward von Graun, doch Reichardt hatte das lustvolle Liebesstück nach meinen Wünschen bearbeitet und im königlichen Theater kam sie zur Aufführung. Ich bat Reichardt, bei mir in Potsdam einen Prolog zu komponieren. Ich erlaubte dem Kapellmeister beim abendlichen Konzert gegenwärtig zu sein, in welchem ich drei Solos blies. Eins war dabei von meiner eigenen Komposition.

Dienstag, 21. Juni 2011 Heute ist Sommeranfang. *Vor 225 Jahren anno 1786* ward dies ein Mittwoch. Heute kam zu mir nach Sanssouci Prinz ***Friedrich von Braunschweig***. Er blieb bis Freitag. Das ist der letzte Verwandtenbesuch, den ich lebend erhielt. Heute las mein Vorleser erneut aus den Werken von Voltaire. Doch aufgrund meines schlechten Krankheitszustandes mussten die nächsten fünf Tage derartige Zerstreuungen unterbleiben.

Mittwoch, 22. Juni 2011 *Vor 225 Jahren anno 1786* ward dies ein Donnerstag. Ich wagte heute in Sanssouci einen letzten Ausritt.

Donnerstag, 23. Juni 2011 Heute ist Fronleichnam. *Vor 225 Jahren anno 1786* ward dies ein Freitag. Ich verharrte in Sanssouci und heute kam der von mir gerufenen Arzt Ritter ***Zimmermann*** an.

Freitag, 24. Juni 2011 *Vor 225 Jahren anno 1786* ward dies ein Sonnabend. Um 8 Uhr in der Frühe kam heute zum ersten Mal der hannöversche Arzt Ritter von ***Zimmermann*** zu mir. Er verblieb über zwei Wochen und bemühte sich vergeblich, meinen Krankheitszustand zu verbessern.

Sonnabend, 25. Juni 2011 *Vor 225 Jahren anno 1786* ward dies ein Sonntag. Ich nahm heute in Sanssouci Abschied von guten Freunden. Über die Audienz vermerkte der Chronist: „Der Minister ***von Finkenstein*** mit dem Russischen Envoyé extraordinaire Grafen von ***Romanzow*** und dem bisher am hiesigen Hofe gestandenen Euvoyé Fürsten ***Dolgorucky*** beim König. Als die Gesandten sich beurlaubten, waren der König und besonders der Fürst Dolgorucky tief gerührt. Beim Abschied stand der König von seinem Stuhl auf, faßte den Fürsten bei der Hand, und entließ ihn mit folgenden Worten: ‚Mein lieber Fürst Dolgorucky, es thut mir recht leid, daß Ihre Kaiserin Sie zurück ruft; so wie es mich schmerzt, daß wir uns trennen sollen. Leben Sie wohl, mein theuerster Fürst, grüßen Sie Ihre Monarchin, und versichern Sie dieselbe meiner ganzen Werthschätzung, und was Sie Selbst, mein Fürst betrifft, so halten Sie Sich überzeugt, daß ich, solange ich lebe, Sie in meinem Herzen lieb behalten und Ihr Andenken mir unvergeßlich bleiben werde.‘ Der alte Fürst, bis zu Thränen gerührt, konnte nichts erwidern, sondern machte eine stumme Verbeugung."

Sonntag, 26. Juni 2011 *Vor 225 Jahren anno 1786* ward dies ein Montag. In Sanssouci freute ich mich schon auf Morgen, denn dann erschien wieder mein Vorleser, um mir aus den Werken von Voltaire vorzutragen.

Montag, 27. Juni 2011 Heute ist Siebenschläfer. *Vor 255 Jahren anno 1756* ward dies ein Sonntag. Heute genoß ich das Sommerwetter in meinem privaten Refugium in Sanssouci.

Dienstag, 28. Juni 2011 *Vor 260 Jahren anno 1751* ward dies ein Montag. Ich weilte in Potsdam. Mein Leibarzt ***Christian Andreas Cothenius*** kam aus Bayreuth zurück, wo er meine Schwester Wilhelmine kuriert hatte. Schon im letzten Jahr behandelte Cothenius meine Schwester erfolgreich, als sie während ihres Besuches bei mir in Potsdam schwer erkrankte. Ich ernannte ihn aufgrund seiner Verdienste um die Genesung meiner Schwester zum königlichen Leibmedikus sowie zum Generalarzt der Armee. Gleichsam berief ich ihn in die Berliner Akademie der Wissenschaften.

Mittwoch, 29. Juni 2011 *Vor 240 Jahren anno 1771* ist dies ein Sonnabend. Heute schrieb ich von Potsdam aus an ***Voltaire***: ***„Der Aberglaube ist ein Sohn der Furchtsamkeit, der Schwäche und der Unwissenheit.*** Was für Widersprüche finden sich nicht in dem menschlichen Geist zusammen! Der alte Fürst von Anhalt-Dessau, den Sie noch gesehen haben, glaubte keinen Gott; aber wenn er auf die Jagd gehen wollte, und ihm von ungefähr drei alte Weiber begegneten; so kehrte er den Augenblick wieder um, weil das ein böses Omen war. An einem Montag unternahm er nichts, denn dieser Tag war unglücklich. Fragte man ihn um den Grund, so wußte er keinen anzugeben. Sie wissen, was man von Hobbes erzählt; bei Tage war er ungläubig, und des Nachts schlief er nicht allein, weil er sich vor Gespenstern fürchtete. ***Die Menschen sind für den Irrthum geschaffen; er schleicht sich gleichsam von selbst in ihren Geist ein, und sie können nur mit großer Mühe einige Wahrheiten entdecken.***"

Donnerstag, 30. Juni 2011 *Vor 225 Jahren anno 1786* ist dies ein Freitag. Jeden Tag erschien der Arzt Zimmermann bei mir in Sanssouci, um mich von meinen Beschwerden zu kurieren. Heute las mir mein Vorleser aus den Werken meines verstorbenen Freundes Voltaire. Gestern hatte ich zu meinem Bedauern auf derartige Lektüre verzichten müssen.

Der Juli
- lateinisch Julius und altdeutsch Heumonat

Im Juli bekam ich oftmals in Sanssouci Besuch guter Freunde oder von Familienangehörigen. Sie wussten, nur ungern verließ ich in diesem Monat meinen Lieblingsaufenthalt in Sanssouci. Ich schätzte dort die gute Luft und die angenehme Aussicht. Aber der Nachteil war, es gab in meinem kleinen Lustschloss nur fünf Gästezimmer und für größere Besuche war mein kleines Weinbergschlösschen wenig geeignet. Meine private Sommerresidenz Sanssouci ward allgemein für die sich ergebenen Besuchsempfänge zu klein. Rechts neben Sanssouci hatte ich meine Orangerie geopfert und als Gästehaus ausbauen lassen. Doch bald ward auch das Orangeriehaus „zum Logements eingerichtet", zu klein.

Nachdem Preußen zur allseits anerkannten europäischen Großmacht aufgestiegen war, ließ ich das Neue Palais schaffen. Nach Fertigstellung verließ ich im Juli regelmäßig mein Refugium in Sanssouci, um meine Königswohnung im Neuen Palais zu beziehen. Dort war dann der repräsentative Rahmen für große Empfänge vorhanden.

In den Gemäuern zeigten sich um diese Jahreszeit gerne die sonst sehr schüchternen Fledermäuse und auch außerhalb der Bauten geriet viel in Bewegung. Es war die Zeit, wo auf weiten Wiesen geradezu ein Blütenmeer erwuchs. In den Auen am Waldesrand war der Hopfengeruch zu spüren und in den Wäldern begann langsam die Pilzsaison. Demzufolge standen auf den königlichen Speisezetteln die ersten frisch gesammelten Waldpilze.

Zum Braten servierten meine Köche frisch gepflückte Holunderbeeren. Farbenfrohes Beerenobst auf weißem Quark verschönerte das Tafelbild. Meine Lieblingsfrucht, die Kirsche, sie war jetzt in jeder beliebigen Menge verzehrbar. Mein Zuckerbäcker nutzte die Kirschmenge gerne zur allfälligen Likörbereitung. In manchen Gärten, besonders unter meinen böhmischen Webern in Nowawes, vor den Toren der Stadt Potsdam, wurde Mitte Juli die Kirschernte mit einem Fest gefeiert, bei Tanz und Wein. Da kletterten nun die Kinder der Weber auf die Kirschbäume, um die nach dem Pflücken übrig gebliebenen Kirschen als Beute einzusacken.

Brunnengäste in Sanssouci

Juli-Geschichte:

Potsdam, 11. Juli anno 1751 vor 260 Jahren:

Brunnenkur in Sanssouci

Von Zeit zu Zeit versuchte ich, meine Gesundheit durch gründliche Brunnenkuren zu heben. Mehrfach fuhr ich nach Aachen, Pyrmont oder in schlesische Heilbäder, um mich einer Brunnenkur zu unterziehen. Ich reiste aber nicht nur an den Ort der Quelle, um die Heilwirkung des Wassers zu verspüren, sondern genoss den gesunden Brunnen auch in meinem kleinen Lustschloss Sanssouci. Da ließ ich mir Egerschen Brunnen kommen und genoss schon am frühen Morgen das Quellwasser.

Dero Wasserkuren pflegte ich mir regelmäßig in Potsdam aufzuerlegen. Heute am Sonntag begann ich in Sanssouci mit einer solchen Brunnenkur. Sie dauerte über vierzehn Tage an. Der Sommer war dazu eine gute Zeit. Mit dem Aufgang der Sonne in aller Herrgottsfrühe trank ich bereits den ersten Brunnen und lud mir dabei zur Gesellschaft Gäste ein, sogenannte Brunnengäste. Unter diesen morgendlichen Brunnengästen waren oftmals Voltaire, Maupertuis, d'Argens, Algarotti und Lamettrie, aber auch Kabinettsminister und hohe Offizier. Das Trinken des mineralhaltigen Brunnenwassers bevorzugte ich sehr zur Hebung meiner Gesundheit. Im Gegensatz dazu betrachtete ich aber die Gabe von Medikamenten sehr skeptisch. Brunnenwasser ward die bessere Medizin. Allerdings gab ich meinem Brunnen etwas Geschmack. Ich mischte ein wenig destilliertes Fenchelwasser hinzu. Als leichte Kost während der Brunnenkur aß ich dann Zwieback mit etwas Butter. Ebenso verspeiste ich während der Wasserkur viel Obst, besonders gerne Melonen.

Während der sommerlichen Kuranwendung suchte ich musikalische Zerstreuung, um mich von meinem ständigen Hunger nach teuflisch scharf gewürzten Speisen abzulenken. Ich besuchte verschiedene Intermezzi. Eines gab es mit der neuen Schauspielerin Mansi und ein anderes mit der Sängerin Bona. Nach zwei Wochen endete meine Wasserkur in Sanssouci und ich wechselte das Quartier und zog ins Potsdamer Stadtschloss.

Freitag, 1. Juli 2011 *Vor 265 Jahren anno 1746* ward dies gleichsam ein Freitag. Heute zog es mich nach Sanssouci. Dort fand ein sommerliches Abendessen statt: „aux treillages", also hinter den Gittern der Schlossbaustelle, denn der Schlossbau war leider noch nicht fertig.

Sonnabend, 2. Juli 2011 *Vor 245 Jahren anno 1766* ward dies ein Mittwoch. Ich weilte in Potsdam. Wie ich sobald erfahren musste, starb in Schönhausen die Gräfin ***Camas***, 76 Jahre alt.

Sonntag, 3. Juli 2011 *Vor 225 Jahren anno 1786* ward dies ein Montag. Mein Vorleser trug mir heute in Sanssouci Passagen aus Voltaires „Versuch" vor.

Montag, 4. Juli 2011 *Vor 235 Jahren anno 1776* ward dies ein Donnerstag. Ich weilte in Sanssouci. Im fernen Amerika sagten sich die vereinigten Staaten los vom Mutterland. Die dreizehn **Vereinigten Staaten von Nordamerika** erklärten sich für frei und unabhängig. Noch vor meinem Tode schloss ich mit dem jungen Amerika einen Freundschaftsvertrag ab.

Dienstag, 5. Juli 2011 *Vor 245 Jahren anno 1766* ward dies ein Sonnabend. Ich residierte in Potsdam und zu meinem Bedauern war das Sommerwetter nicht so, wie ich es mir erwünschte. Heute schrieb ich an ***Fouqué***: „Werthester Freund. Ich überschicke Ihnen einige **Früchte** aus meinem Garten. Bisher hatte ich zu thun, gegenwärtig bin ich allein, gleichwohl will ich mir Ihren Besuch nicht eher ausbitten, als bis das Regenwetter vorüber ist; die Kälte, die wir jetzt haben, möchte Ihrer Gesundheit nicht zuträglich sein. Sie werden mir ganz offenherzig sagen, ob Ihnen die kleine Reise behaglich ist, damit ich Ihnen meine Pferde entgegenschicken kann.“ Leider konnte mein lieber Freund wegen seiner Hüftschmerzen nicht meiner Einladung folgen, deshalb schickte ich ihm meinen Leibarzt ***Cothenius*** aus, der ihn kurieren sollte.

Mittwoch, 6. Juli 2011 *Vor 225 Jahren anno 1786* ward dies ein Donnerstag. Ich befand mich in Sanssouci in Krankenbehandlung durch den Arzt ***Zimmermann***. Er versuchte, meine Leiden zu mildern. Ich gab die Hoffnung auf Gesundung nicht auf. Heute kam mein Vorleser zu mir und setzte die Mußestunde mit Voltaires „Versuch“ fort.

Donnerstag, 7. Juli 2011 *Vor 255 Jahren anno 1756* ward dies ein Mittwoch. In Sanssouci genoss ich heute das Intermezzo. Mitte letzten Monats kamen neue Schauspieler unter Leitung von Gueri an. Sie bereicherten zukünftig meine Intermezzi. Heute wurde aufgeführt „Il impresario“ in der **Orangerie**. Es war das letzte Auftreten meines Sängers Domenico Crichi aus Bologna. Das Intermezzo kam sehr gut an und wurde am Freitag nächster Woche wiederholt.

Freitag, 8. Juli 2011 *Vor 225 Jahren anno 1786* ward dies ein Sonnabend. Der hannoversche Arzt Dr. ***Zimmermann*** war immer noch bei mir in Sanssouci und versuchte, mich zu kurieren. Mein Vorleser trug mir auch heute Passagen vor aus Votaire‘s „Versuch“.

Sonnabend, 9. Juli 2011 *Vor 235 Jahren anno 1776* ward dies ein Dienstag. Ich schrieb heute von Sanssouci aus meinem Brieffreund ***d‘Alembert***, der den Verlust seiner mit ihm befreundeten lieben ***Julie Jeanne Eleonore de l‘Espinasse*** nur sehr schwer verkraftete. Sie war am 23. Mai verstorben. Ich versuchte tröstende Worte zu finden: „Ich empfinde mit Ihnen das Unglück, welches Sie durch den Verlust einer Person erleiden, an welche Sie Sich gewöhnt haben. ***Die Wunden des Herzens sind die empfindlichsten unter allen, und ungeachtet der trefflichen Grundsätze der Philosophen kann nur die Zeit sie heilen. Der Mensch ist ein Thier, das mehr Empfindung als Verstand hat.*** Zu meinem Unglück habe ich nur zu sehr erfahren, was man bei dergleichen Verlust erleidet. Das beste Mittel ist, sich Gewalt anzuthun, um sich von einer schmerzhaften Idee loszureißen, die sonst zu tief in der Seele einwurzelt. Sie müssen eine mathematische Beschäftigung wählen, die viel Anstrengung erfordert, um, soviel Sie können, die traurigen Vorstellungen zu verdammen, die sich unaufhörlich erneuern, und die man nach Möglichkeit entfernen muß. Wüßte ich bessere Mittel, so würde ich sie Ihnen vorschlagen. Cicero, um sich über den Verlust seiner geliebten Tulia zu trösten, zerstreute sich durch Schreiben, und verfertigte verschiedene Aufsätze, von welchen einige bis auf uns gekommen sind. Unsere Vernunft ist zu schwach, um den Schmerz einer tödlichen Wunde zu überwinden; etwas muß man der Natur nachgeben, und vorzüglich muß man sich sagen, daß bei Ihrem Alter, so wie bei dem meinigen, man sich eher trösten muß, weil wir nicht lange zögern werden, uns mit den Gegenständen unserer Klagen wieder zu vereinigen.“

Sonntag, 10. Juli 2011 *Vor 255 Jahren anno 1756* ward dies ein Sonnabend. In Sanssouci suchte mich heute mein Feldmarschall ***Kurt Christoph von Schwerin*** auf. Er verblieb die nächsten neun Tage bei mir, denn es galt den militärischen Herausforderungen zu begegnen. Ich hatte Kenntnis erlangt von den Angriffsplänen meiner Gegner und beabsichtigte, Ihnen zuvor zu kommen.

Montag, 11. Juli 2011 *Vor 260 Jahren anno 1751 ward* dies ein Sonntag. Heute begann ich in Sanssouci mit einer Brunnenkur.

Dienstag, 12. Juli 2011 *Vor 235 Jahren anno 1776* ward dies ein Freitag. Ich bekam heute in Potsdam reichlich Besuch: Prinz ***Ferdinand*** mit Gemahlin, Prinzessin ***Amalie***, Prinz ***Friedrich von Braunschweig***, Herzog ***Friedrich Eugen von Württemberg*** mit Gemahlin. Erst am Donnerstag nächster Woche gingen alle meine Besucher sämtlich nach Berlin.

Mittwoch, 13. Juli 2011 *Vor 225 Jahren anno 1786* ward dies ein Donnerstag. Vorgestern war der Ritter ***Zimmermann*** abgereist. Er konnte mir meine Gesundheit leider nicht wieder zurückgeben. Ich versuchte trotz alledem, meinen Königspflichten weiter nachzugehen.

Donnerstag, 14. Juli 2011 *Vor 235 Jahren anno 1776* ward dies ein Sonntag. Ich bereitete mich in Potsdam auf meinen russischen Staatsbesuch vor. ***Paul*** Petrowitsch, der Sohn der großen Katharina wird kommen.

Freitag, 15. Juli 2011 *Vor 265 Jahren anno 1746* ward dies gleichsam ein Freitag. Über Nauen und Neuruppin ritt ich heute nach Potsdam, wo ich über eine Woche verblieb. Sogleich ging ich zum Weinberg, um die **Schlossbaustelle** von Sanssouci zu inspizieren.

Sonnabend, 16. Juli 2011 *Vor 245 Jahren anno 1766* ward dies ein Mittwoch. In Sanssouci bekam ich Familienbesuch: Mein Neffe und Thronerbe ***Friedrich Wilhelm,*** seine Gemahlin ***Elisabeth Christine Ulrike*** und seine Schwester ***Wilhelmine,*** Prinz ***Heinrich*** sowie mehrere Prinzen und Prinzessinnen kehrten bei mir ein. So gab ich die nächsten Tage für meine Gäste diverse Hoffeste.

Sonntag, 17. Juli 2011 *Vor 255 Jahren anno 1756* ward dies ein Sonnabend. Heute beendete ich meine Brunnenkur in Sanssouci und wechselte in meine Gemächer ins Potsdamer Stadtschloss, wo ich die Nacht verbrachte. Mein Freund Lord Marschall ***Keith*** kehrte heute aus **Neuenburg** nach Potsdam zurück.

Montag, 18. Juli 2011 *Vor 265 Jahren anno 1746 ward dieser Tag gleichsam ein Montag.* Ich weilte in Potsdam. Morgen begutachtete ich nochmals den neuen Weinberg vor dem Brandenburger Tor bei Potsdam. Erst vor drei Tagen ward ich dort, wo mein neues Lustschloss entstand.

Dienstag, 19. Juli 2011 *Vor 265 Jahren anno 1746* ward dieser Tag gleichsam ein Dienstag. Ich befand mich bei Potsdam zum Mittagessen bei der Jagdgesellschaft des Prinzen ***Ferdinand*** in einem Wäldchen, ganz dicht bei dem Weinberg, wo Schloss Sanssouci entstand.

Mittwoch, 20. Juli 2011 *Vor 265 Jahren anno 1746* ward dieser Tag gleichsam ein Mittwoch. Ich erhielt heute in Potsdam hohen russischen Besuch. Der russische Vizekanzler ***Woronzoff*** kam für zwei Tage zu mir nach Potsdam und zog am Freitag weiter nach Berlin.

Donnerstag, 21. Juli 2011 *Vor 245 Jahren anno 1766* ward dies ein Montag. Ich genoss den Kultur-Sommer in Sanssouci. Es wurde heute die Komödie „Der eingebildete Kranke“ („Le malade imaginair“) von Moliére aufgeführt.

Freitag, 22. Juli 2011 *Vor 225 Jahren anno 1786* ward dies ein Sonnabend. Heute kam in Sanssouci wieder der Vorleser zu mir und trug mir Passagen aus Voltaires Werken über den französischen König Ludwig vor. Erst in einer Woche konnte er die Vorträge aus diesem Werk abschließen, da die nächsten Tage krankheitshalber die Vorlesungen oftmals ausfallen mussten.

Sonnabend, 23. Juli 2011 *Vor 245 Jahren anno 1766* ward dies ein Mittwoch. Ich bin in Potsdam. Hier wurde heute das lustige Stück über den wahren Glücksmann gespielt. Es lautet: „L'homme á la bonne fortune". Heute schrieb ich über meine literarischen Ambitionen an ***Voltaire***: „***meine Feder ist lange nicht so dreist, als mein Degen***".

Sonntag, 24. Juli 2011 *Vor 260 Jahren anno 1751* ward dies ein Sonnabend. Nach knapp zwei Wochen beendete ich heute meine Brunnenkur in Sanssouci und zog in das Stadtschloss. Es kam mich heute in Potsdam mein Freund ***Rothenburg*** besuchen. Es geht ihm nicht gut. Ich hatte ihm meine Ärzte Cothenius und Lamettrie geschickt, um seinen Gesundheitszustand zu bessern.

Montag, 25. Juli 2011 *Vor 240 Jahren anno 1771* ward dies ein Donnerstag. Es ärgerte mich sehr, wie Voltaire noch nach dem Tode von Maupertuis schlecht über diesen Mann Kunde ablegte. Ich schrieb von Sanssouci aus heute meinem Brieffreund **d'Alembert** nach Frankreich: „Ich habe den vierten Theil der Encyclopädischen Untersuchungen von Voltaire gelesen, und war sehr verwundert, einen fürchterlichen Ausfall gegen Maupertuis darin anzutreffen. ***Es ist so etwas Niedriges dabei, Verstorbene zu verleumden; es ist so entehrend, das Andenken verdienstvoller Männer anzuschwärzen***; dies Verfahren zeigt gewissermaßen ein so unversöhnliche, so grausame Nachsucht, daß mich beinahe die Statue reuet, die man ihm errichtet. Gütiger Gott! Wie kann so viel Genie mit so vieler Verkehrtheit gepaart sein. Ich gestehe Ihnen, daß mich das mißmüthig macht."

Dienstag, 26. Juli 2011 *Vor 235 Jahren anno 1776* ward dies ein Freitag. Heute begab ich mich von Charlottenburg nach Potsdam. In meinem Gefolge befand sich ein wichtiger Staatsgast: Großfürst ***Paul***. Der Zarewitsch wurde in Potsdam von Militär und Bürgerschaft feierlich eingeholt. Wir zogen durch die Stadt, unmittelbar nach dem „**Neuen Palais**" in Sanssouci, wo abends die „Opera buffa: la Retornale di Londra gegeben ward."

Mittwoch, 27. Juli 2011 *Vor 260 Jahren anno 1751* ward dies ein Dienstag. Ich weilte im **Stadtschloss** zu Potsdam. Gestern endeten hier die „Intermezzi".

Donnerstag, 28. Juli 2011 *Vor 255 Jahren anno 1756* ward dies ein Mittwoch. ***Kurd Christoph von Schwerin*** besuchte mich wieder in Potsdam. Ebenfalls kam heute zu mir Graf ***Sinzendorff***, er verweilte etwa zwei Wochen hier. Um etwas Kunstgenuss zu pflegen, ließ ich heute die **Hofkapelle** aus Berlin nach Potsdam kommen, die Musiker blieben bis zum 6. August.

Freitag, 29. Juli 2011 *Vor 235 Jahren anno 1776* ward dies ein Montag. Ich befand mich mit Großfürst ***Paul*** in Potsdam im Stadtschloss und mein russischer Gast besichtigte auch dieses Bauwerk sehr gründlich. Zuvor verweilte ich mit ihm im Neuen Palais. Es kam dahiero zur Aufführung die französische „Comödie: le misanthrope".

Sonnabend, 30. Juli 2011 *Vor 225 Jahren anno 1786* ward dies ein Sonntag. Ich verharrte in Sanssouci. Heute kam mein Vorleser und trug mir aus dem „Verhör über Damien vom 6. März 1757“ vor.

Sonntag, 31. Juli 2011 *Vor 225 Jahren anno 1786* ward dies ein Montag. Die zunehmende Mattigkeit gestattete mir in Sanssouci nicht, den Vorlesungen zu folgen, obschon ich meinen Vorleser um die gewöhnliche Zeit noch zu mir rief. Gestern hatte er mir das letzte Mal vorgelesen. Die letzten Tage meines Lebens brachen an. Ich genoss selber noch etwas Literatur. Ich las ganz für mich allein: „L'Evangile du Jour p. Voltaire und den Quintilian.“ Während der sich immer mehr ausbreitenden Krankheit erhielt ich „von einem frommen Schwärmer einen liebreichen Ermahnungsbrief.“ Ich las ihn und gab ihm meinem Sekretär mit der Bemerkung: „Man muß den Leuten höflich antworten, sie meinen es gut mit mir.“

Es ging heute der Ober-Stallmeister ***Friedrich Albert von Schwerin*** von Potsdam aus nach Berlin, von wo er bald nachher nach Braunschweig weiterreiste. Ich wollte ihm eigentlich nicht die Erlaubnis zur Reise gewähren, weil ich meinen nahen **Tod** spürte. Doch er bat mich mehrfach darum, so sagte ich ihm in weiser **Vorahnung**: „Nun, so reiset denn, Ihr werdet mich aber bei Eurer Zurückkunft nicht mehr am Leben finden.“ Tatsächlich kehrte der Ober-Stallmeister erst am 17. August von seiner Reise zurück, dem Tag meines Todes.

Der August
- lateinisch Augustus und altdeutsch Ernting

Im Hochsommer wurden nunmehro die Schwalben flügge. Doch auch das Ungeziefer spross überall hervor und drohte, die Ernte zu vernichten. Wanderheuschrecken und Blattläuse waren des Gärtners gefürchtete Feinde. Aber die Marienkäfer halfen vielerorts und fraßen ganze Lauskolonien leer.

Der August wurde oftmals als Sichel-, Ähren- oder Erntemonat bezeichnet, auf altdeutsch auch Ernting. Es war der Monat der Kirchweihfeste und der ersten Erntefeiern. Allerdings legte ich damals für die preußischen Landen fest, dass erst nach dem Michaelistag im September am darauf folgenden Sonntag der Erntedanktag gefeiert werden sollte.

Die Hofköche brachten an heißen Tagen kalte Obstsuppe mit Klößchen auf den Tisch. Meine Lieblingsfrüchte, die Kirschen waren nun endlich in jeder beliebigen Menge vorhanden. Zum Nachmittagstee gab es frischgebackenen Kirschkuchen und leckere Kirschtorte. Meine Küche bevorzugte zu den Hauptmahlzeiten leichte Kost. Fleisch und Fisch servierten sie mit viel Gemüse und Salat. Frische Waldpilze begleiteten die Gerichte. Erntefrische Bohnen und junges Kraut fehlten nicht. Als Dessert gab es reichlich Äpfel und Birnen in vielfacher Fasson.

Oftmals begab ich mich Mitte August zu Inspektionsreisen nach Schlesien. Doch soweit ich konnte, genoss ich in diesem Monat das schöne Wetter in meinem Lustschloss Sanssouci.

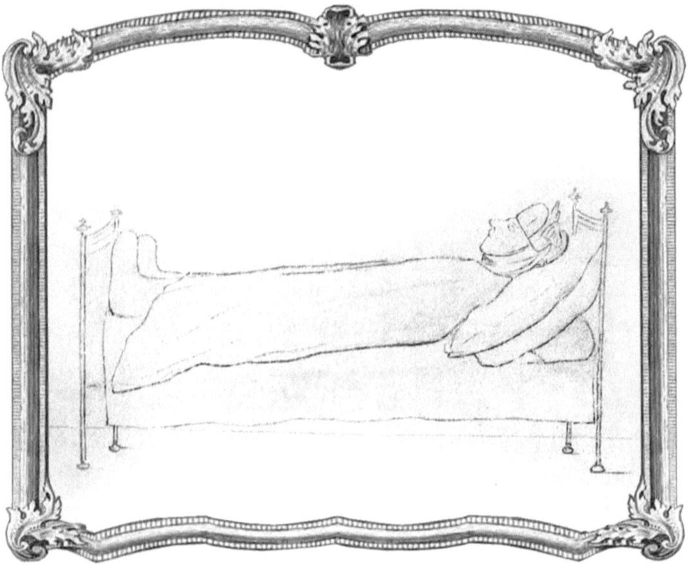

Ein Kind zeichnete den verstorbenen König

August-Geschichte:

Potsdam, 17. August anno 1786 vor 225 Jahren:

So starb ein König

Heute in der Nacht von Mittwoch auf Donnerstag blieb um 2 Uhr und 20 Minuten merkwürdigerweise die Uhr in Sanssouci stehen und es wurde sogleich mein Tod festgestellt. Ich starb in den Armen meines Kammerlakaien Strützky. Mein Tod war wie mein Leben. „Furchtlos und gleichmüthig" blieb ich bis zu meinem letzten Atemzuge. Beim Hinscheiden waren außer Strützky noch gegenwärtig: Minister Ewald Friedrich von Hertzberg, Generalleutnant Karl Friedrich Adam von Görtz, der Doktor Selle und die beiden Kammerhusaren Neumann und Schöning.

Mein Großneffe Friedrich Wilhelm III. fertigte später, am 7. April anno 1787, aus der Erinnerung eine Bleistiftzeichnung von meinem Totenlager an. Als junger Kronprinz ward er kurz nach meinem Exitus zugegen.

Am Abend desselben Tages ward mein „Leichnam von Sanssouci nach dem Schlosse in der Stadt gebracht“, wo es morgen „Jedermann erlaubt“ war, mich noch einmal zu sehen.

Mein Tod wurde allseits erwartet. Trotzdem kam er für manche meiner Zeitgenossen überraschend. Für meine Zeit ward ich alt geworden. Nahezu alle meine Freunde waren bereits tot. Der französische Gelehrte und Diplomat Graf Mirabeau schrieb, dass Wichard Joachim Heinrich von Möllendorff in den letzten Lebensjahren einer der wenigen war, der sich in meiner Gesellschaft regelmäßig aufhielt. Laut Mirabeau ward mein Freund Möllendorff der Einzige, der bei meinem Tode ehrlich Trauer gezeigt habe. In Potsdam-Sanssouci endigte mein großes und tatenreiches Leben. Ich starb „mit der Standhaftigkeit und Gelassenheit eines Weisen“ nach 74 Jahren, 6 Monaten, 3 Wochen und 3 Tagen. Meine Regierung währte 46 Jahre und 2 ½ Monate. In der Todesanzeige in den Berliner Zeitungen bekundete mein Minister von Hertzberg: „Wenige Könige waren so groß wie Er, noch wenigere so gut wie Er; kaum Einer so groß und gut zugleich wie Er! Wer Gefühl für Geistes Größe, und für Thätigkeit zur Beförderung für Menschenglück hat, wird seinen Namen nie anders als segnend aussprechen.“

Es wurde aber um mich nicht nur in Preußen getrauert. Selbst das Ausland bekundete Anteilnahme über mein Hinscheiden. Sogar meine früheren Feinde würdigten mein Leben und bezeugten „ihre hohe Achtung und Bewunderung“. Es erschienen allenthalben „Gedichte, Gedächtnißreden und andere Schriften in großer Zahl, so wie Denkmünzen“, die mein Andenken feierten. Es kamen darin „nicht Speculationsgeist, sondern die reinsten Gefühle der Verehrung“ zum Ausdruck. Unter den Gedächtnismünzen, die das Ausland hervorbrachte, lieferte Holland „die schönste und größte“ Münze. Die Zahl derer, die auf meine wichtigsten Taten hin geprägt wurden, „mögen nahe an hundert sein“. Sie verwiesen auf meine „Thronbesteigung, Huldigung“, die „Siege, Friedensschlüsse, den Fürstenbund, die Justiz- und Münzverbesserung, die verliehene Religionsfreiheit, die Wiederherstellung der Akademie“ und andere Prachtbauten, „die Einführung des Seidenbaues, die Errichtung der Seidenmanufaktur, des Seehandels, der Versicherungsanstalt“. Bildnisse von mir hingen „in allen Formen und Größen“ allenorts, „bei Hohen und Niedrigen, bei Reichen und Armen“ und selbst in Bauernhütten waren sie anzutreffen, garselbst in ehemaligem Feindesland. Dieses alles zeigte, „die große und allgemeine Achtung“, die ich „im Leben und im Tode überall genoß.“

Montag, 1. August 2011 *Vor 225 Jahren anno 1786* ward dies ein Dienstag. Ich blieb in Sanssouci. Mein Krankheitszustand verschlimmerte sich immer mehr, dennoch besorgte ich „die Regierungsgeschäfte wie immer nach der Tagesordnung", die ich „einmal festgesetzt und während" meiner ganzen Regierungszeit eingehalten hatte: Die rapportierenden Offiziere und die Kabinettsräte erschienen zu den bestimmten Stunden, denen ich „einen nach dem andern auf die am Abend vorher eingelaufenen Berichte der auswärtigen Gesandten, der Staatsminister, der Generale, sowie auf die Schreiben und Bittschriften unzähliger Personen, die Antworten so ausführlich dictirte, daß bei Expedirung derselben selten mehr als die Curialien und das Datum hinzugefügt werden durfte." Auch unterschrieb ich „alle Briefe und Kabinetsordres bis den Tag vor" meinem „Tode eigenhändig". Bis zuletzt mussten bei meinen Briefen und Anweisungen, die ich ausgab, nur noch die Anreden und Titel hinzugefügt werden, den Inhalt behielt ich mir vor, genauestens selber festzulegen.

Ich schrieb heute nach Glatz an den Obersten von Regeler wegen der Chrysopras, die er mir im letzten Monat hat zukommen lassen. Dieser Quarzstein galt als Heilstein für das Herz-Chakra und die Seele zur Entgiftung der Leber. In der griechischen Antike war dieser apfelgrüne bis smaragdgrüne Edelstein so wertvoll, wie Gold. Ich wollte den Chrysopras in der Schmuckverarbeitung stärker berücksichtigt wissen. Ich schrieb an von Regeler: „Mein lieber Oberster von Regeler! Ich habe Euch auf Euer Schreiben vom 24sten verwichenen Monats in Antwort vermelden wollen, daß Ich die Mir zugekommenen Chrysopas schön gefunden habe. Ihr müsset Mir nun auch die Rechnung von denen darauf verwendeten Kosten baldigst einschicken, und was die bereits vorräthigen Chrysopas betrifft, so habe Ich dem Etats-Minister von Hoym aufgegeben, solche an die Leute zu schicken, die dieselben verarbeiten."

Kurz vor meinem nahen Tode unternahm ich nochmals einen Vorstoß, die Leibeigenschaft meiner Bauern aufzuheben. Ich betonte erneut, dass Bauern „keine Sclaven sein sollen". Ich möchte, dass ihnen das durch Trockenlegung neu gewonnene Bauernland als Eigentum übertragen wird. Ich schrieb heute an den Kammer-Präsidenten Anton Gottlieb von der Goltz nach Königsberg. „Die Bauern, welche da angesetzt werden, müssen ihre Güter alle eigenthümlich haben, weil sie keine Sclaven sein sollen. Es ist ferner die Frage, ob nicht alle Bauern in Meinen Aemtern, aus der Leibeigenschaft gesetzt und als Eigenthümer auf ihren Gütern angesetzt werden können? Ich erwarte darüber Eure Anzeige, was das für Difficultäten haben könne, und bin Euer gnädiger König."

Dienstag, 2. August 2011 *Vor 255 Jahren anno 1756* ward dies ein Montag. Die Antwort vom Wiener Hof auf meine Friedensbemühungen kam heute an. Sie erreichte mich in Sanssouci. Es wurde von mir sogleich eine „zweite Anfrage" abgeschickt.

Mittwoch, 3. August 2011 *Vor 225 Jahren anno 1786* ward dies ein Donnerstag. Ich verharrte in Sanssouci und schenkte heute dem Minister ***von Hertzberg*** ein Tafelservice von meinem Porzellan.

Donnerstag, 4. August 2011 *Vor 225 Jahren anno 1786* ward dies ein Freitag. Trotz meiner schweren Erkrankung ging ich weiterhin von Sanssouci aus meinen Regierungsgeschäften gewissenhaft nach. Per Express berief ich aus Breslau den Minister ***Karl Georg von Hoym*** zu mir. Dabei ging es mir besonders um Entwürfe zu neuen Urbarmachungen und Fabrikanlagen in Schlesien. Der Minister Hoym blieb bis Mittwoch bei mir und erhielt entsprechende Anweisungen.

Meine Regierungsgeschäfte nahm ich weiterhin wahr, obwohl mein Krankheitszustand gewisse Einschränkungen erforderte. Trotzdem beantworte ich alle Gesuche, so an diesem Tag „die Vorstellung des Invaliden Schönberg, worin derselbe um 80-90 Thlr. Beyhülfsgelder zum Bau des Hauses" bat. Ich wies die zuständige Kammer ausdrücklich an, „den Supplicanten den Umständen gemäß zu bescheiden".

Desgleichen fand ich es „für gut", meinen Adjutanten zur Revue nach Schlesien abzuschicken. Dieser sollte in etwa zehn Tagen in „gewöhnlicher Weise" an meiner Stelle zur Armee-Inspektion fahren. Deshalb befahl ich der „Churmärkischen Cammer" einen Wagen mit „erforderlichen Acht Vorspann-Pferde" zur Verfügung zu stellen. Die „Cammer" hatte die Pferde „gehörig zu besorgen", damit die Reise ohne den mindesten Aufenthalt fortgesetzt werden konnte.

Freitag, 5. August 2011 *Vor 225 Jahren anno 1786* ward dies ein Sonnabend. Ich bin in Sanssouci. Der Potsdamer ***Bäckermeister Schröder*** hat um einen „Frey-Paß" nachgesucht, damit er „Einhundert Wispel Roggen, und fünfzig Wispel Waizen" erhalten kann. Er gedachte es „zum Betrieb seiner Profession, aus Westpreußen kommen lassen und allda" zu kaufen. Ich war sehr dafür, dass der Bäcker diesen Roggen und Weizen steuerfrei nach Potsdam einführen darf. Daher erteilte ich am Sonntag nächster Woche dem Magistrat von Potsdam eine entsprechende „Kabinetsordre".

Sonnabend, 6. August 2011 *Vor 225 Jahren anno 1786* ward dies ein Sonntag. Ich weilte krankheitshalber fortlaufend in Sanssouci und ging von hier aus meinen Regierungsangelegenheiten nach. Ich schrieb heute an den Generalmajor ***Friedrich Wilhelm von Götzen***, der mir von bedenklichen Truppenaufmärschen in Böhmen berichtete. Ich teilte ihm mit, dass von den Österreichern da keine Gefahren drohten, „wenn sie da marschiren lassen, so geschieht es blos darum, daß die Leute an dem Festungsbau arbeiten sollen."

Sonntag, 7. August 2011 *Vor 245 Jahren anno 1766* ward dies ein Donnerstag. Ich weilte in Potsdam, wo seit einigen Tagen verschiedene Festlichkeiten zu Ehren meiner Lieblingsnichte ***Sophie Friederike Wilhelmine*** stattfanden. Sie endigten erst heute am Tage ihres Geburtstages.

Montag, 8. August 2011 *Vor 260 Jahren anno 1751* ward dies ein Sonntag, an dem ich in Potsdam weilte.

Dienstag, 9. August 2011 *Vor 225 Jahren anno 1786* ward dies ein Mittwoch. Von Tag zu Tag verschlechterte sich mein Krankheitszustand und ich verharrte in Sanssouci, wo ich meinem Ende entgegen sah. Heute starb in Potsdam der Kommandeur des ersten Bataillons Garde ***Ernst Gottlob von Scheelen***, 61 Jahre alt.

Mittwoch, 10. August 2011 *Vor 225 Jahren anno 1786* ward dies ein Donnerstag. Seit den letzten Monaten blieb ich nahezu immer in Sanssouci. Mein Krankheitszustand erlaubt keine Reisen. Ich schrieb heute an den General ***Carl Rudolph von Mosch***. Als Chef des „Cadettencorps" hatte er mir eine unzulängliche Beförderungsliste geschickt, die ich ihm zurücksenden musste.

Gleichsam schickte ich an meine Schwester ***Charlotte von Braunschweig*** einen Brief, der fast einem **Abschiedsbrief** gleichkam. Ich berichtete ihr, dass der Arzt Dr. Zimmermann mir nicht helfen konnte. Ich schrieb ihr: „im Grunde aber ist er mir unnütz gewesen. Die Alten müssen den jungen Leuten weichen, damit jede Generation ihren Platz finde; und wenn man genau prüft, was das Leben sei; so ist es nichts, als daß man seinen Mitbürger sterben und geborne werden sieht. Indessen finde ich mich seit einigen Tagen ein wenig erleichtert. Mein Herz bleibt Ihnen unveränderlich ergeben, meine gute Schwester. Ich bin mit der größten Hochachtung meine verehrungswerthe Schwester Ihr treuer Bruder und Diener Friedrich."

Donnerstag, 11. August 2011 *Vor 230 Jahren anno 1781* ward dies ein Sonnabend. Ich weilte in Potsdam. Heute begab ich mich zum Grafen ***Pinto***, dem am 2. August ein Kind geschenkt ward. Ich übernehme „bei dem Obersten und Flügel-Adjutanten, Grafen Pinto" bei seinem Sohn die „Pathenstelle". Gestern schickte ich „der Gräfin eine kostbare **Tabatiere**, begleitet von einem gnädigen Handschreiben, und dem Grafen eine beträchtliche Summe in Friedrichsdor".

Freitag, 12. August 2011 *Vor 230 Jahren anno 1781* ward dies ein Sonntag. Heute schrieb ich von Sanssouci meinem Freund d'Alembert über die Madame ***Pompadour*** und die Comtesse ***du Barry***, die sich als Mätressen aufmachten, um die Stellung der Königin einzunehmen. Ich schreibe an ***d'Alembert***: „Wollte ich eine Sammlung von Dingen machen, die ich erlebt habe, so würde man eben so viel Bände davon drucken, als von der Encyclopädie. Hier haben sie einige Stücke zur Probe. Ich habe gesehen, daß ***Ludwig XIV***, als er kaum im Grabe war, auch schon verachtet und vergessen ward; sah eine Poisson und eine Madame l'Ange als Königinnen von Frankreich; ich sah Wasser und Feuer: die Bourbons mit den Habsburgern sich vereinigen; ich sah die Jesuiten vernichtet; ich sah, wie die Philosophie die Wahrheit aus dem Brunnen schöpfte; ich sah, wie Barbaren Voltairen ein Grab verweigern; ich sehe rebellische Kinder wider ihren Vater, den Papst, sich empören; ich sehe noch eine Menge anderer Dinge, und - schweige. - ***In der Welt ist Alles Thorheit, nur der Frohsinn ausgenommen.***".

Sonnabend, 13. August 2011 *Vor 225 Jahren anno 1786* ward dies ein Sonntag. Sterbenskrank verharrte ich in Sanssouci. Trotz alledem ging ich meinen Regierungsgeschäften weiter nach. Ich schrieb heute an die Bibliothekare nach Berlin und beförderte einige Offiziere.

Sonntag, 14. August 2011 *Vor 260 Jahren anno 1751* ward dies ein Sonnabend. Die Tropfen gegen die **Gicht**, die mir die Ärzte verordneten, sie werden mir das Leid zu lindern helfen. Mein Baumeister ***Knobelsdorff*** kam heute aus Berlin zu mir nach Potsdam.

Montag, 15. August 2011 Heute ist Mariä Himmelfahrt. *225 Jahren anno 1786* ward dies ein Dienstag. Dies war mein letzter Tag bei vollem Bewusstsein, in zwei Tagen starb ich. Doch noch auch heute ging ich mehr oder weniger meinem gewohnten Tagesablauf nach. Entsprechend meinem Lebensrhythmus stand ich für gewöhnlich früh um 4 Uhr auf, diktierte Briefe und Depeschen. Heute hatte sich der Tageslauf verzögert, da ich an diesem

Tage ganz wider meiner Gewohnheit „bis gegen 11 Uhr“ dahin schlummerte. Nach dem Erwachen erteilte ich dem General ***Friedrich Wilhelm von Rohdich*** „die Disposition zu einem Manöver, das den folgenden Tag von der Potsdamer Garnison auszuführen war, „mit einer vollkommen richtigen Anwendung auf das Terrain.“ Hernach hielt ich Mittagstafel, empfing meinen Minister ***Ewald Friedrich Hertzberg*** und meinen italienischen Kammerdiener ***Girolamo Luccesini***. Zwischen 17 und 20 Uhr tagte zum letzten Mal meine **abendliche Tischgesellschaft**. Mein Vorleser ***Charles Dantal*** war bei mir und las Erzählungen aus dem Leben der Antike. Ich bearbeitete auch heute meine Kabinettsgeschäfte, zwar mit schwacher Stimme, doch mit voller Geisteskraft. Ich „dictirte“ meinem Kabinetsrat Laspeyres auch noch so richtig durchdachte Depeschen (eine vier Quartseiten lange Instruktion). Dann gegen Abend unterschrieb ich die von den Kabinettsräten ausgefertigten Briefe - zum letzten Mal.

Dienstag, 16. August 2011 *Vor 225 Jahren anno 1786* ward dies ein Mittwoch. Heute verlor ich im Beisein von Kabinettsminister ***Ewald Friedrich Hertzberg*** und meines Leibarztes ***Christian Gottlieb Selle*** das Bewusstsein. Mein letzter **Todeskampf** begann. Am sehr frühen Morgen dieses Tages trat bei mir eine Bewusstlosigkeit und betäubender Schlummer ein. Doch erholte ich mich sehr bald wieder „und als früh gegen 5 Uhr die Kabinettsräte angemeldet wurden, gab ich zu verstehen, dass sie warten sollten, um hereingerufen zu werden. Der General ***von Rohdich*** kam um die gewöhnliche Stunde morgens gegen 7-8 Uhr, weil er die Parole entgegen nehmen wollte. Obwohl mein Bewusstsein zurückkehrte, war es mir doch nicht möglich, zu sprechen. Ich gab mein Unvermögen dem bis zu Tränen gerührten General durch einen klagenden Blick zu erkennen. So wechselten Bewusstsein und Bewusstlosigkeit den Tag über. Zum ersten Mal in meinem königlichen Leben erinnerte ich mich der zu expedierenden Kabinettsgeschäfte nicht mehr. In der angebrochenen Nacht zum 17. August hin schlug um 11 Uhr die Uhr an, da fragte ich, wie spät es sei. Man gab mir sogleich die Antwort, worauf ich erwiderte: „das wird gut sein - wir sind über den Berg“ und einige Zeit später fügte ich „noch mehrere unverständliche Worte“ hinzu.

Meinen gefährlichen Zustand hatte ich absichtlich geheim halten lassen. Meiner engsten Umgebung ließ ich keine Nachricht zukommen. Selbst meiner Frau Elisabeth Christine sollte mein Todeskampf unbemerkt bleiben. Sie feierte an diesem Tage in Schönhausen „Cour und Soupé“. Der französische Gesandte war zugegen und Graf Mirabeau überbrachte ihm die Nachricht von meinem beginnenden Sterben. Jedoch wollte anfangs niemand meinem nahenden Tod Glauben schenken.

Mittwoch, 17. August 2011 *Vor 225 Jahren anno 1786* ward dies ein Donnerstag. Das war mein Todestag, ich starb in meinem privaten Refugium auf dem Weinberg in Sanssouci. Noch vor dem Morgengrauen, um 2 Uhr und 20 Minuten wurde mein Tod festgestellt.

Donnerstag, 18. August 2011 *Vor 225 Jahren anno 1786* ward dies ein Freitag. Gestern verstarb ich in Sanssouci. Heute bahrte man mich im königlichen Schloss zu Potsdam auf, wo es jedermann erlaubt war, mich noch einmal zu sehen. Die **Beisetzung** erfolgte abends 8 Uhr in der **Garnisonkirche** zu Potsdam, im Gewölbe unter der Kanzel, neben dem Sarg meines

Vaters. Das feierliche Leichenbegräbnis fand erst am 9. September statt. Meine ausdrückliche testamentarische Verfügung wurde missachtet. Ich wollte im Schlossgarten von Sanssouci neben meinen Hunden beerdigt werden, aber meine Nachkommen legten mich einfach in die Garnisonskirche neben meinen Vater. Erst an meinem 205ten Todestag kam mein Testament zur Vollstreckung und ich fand die gewollte letzte Ruhe in der von mir selbst errichteten **Gartengruft** bei meinen geliebten Hunden.

Freitag, 19. August 2011 *Vor 260 Jahren anno 1751* ward dies ein Donnerstag. Ich befand mich in Potsdam und hielt für drei Tage hier **Manöver**. Der Witwe des gestern verstorbenen Generalfeldmarschalls ***Samuel von Schmettau*** schrieb ich heute einen ausführlichen Brief. Morgen händigte der Bruder des Feldmarschalls mir die wichtigen kartografischen Pläne des Verstorbenen aus.

Sonnabend, 20. August 2011 *Vor 260 Jahren anno 1751* ward dies ein Freitag. Seit gestern nahm ich in und um Potsdam an Truppenübungen teil.

Sonntag, 21. August 2011 *Vor 265 Jahren anno 1746* ward dieser Tag gleichsam ein Sonntag. Ich hielt mich in Potsdam auf. Seit etwa zwei Wochen kränkelte ich. Mich plagte ein Geschwür am Bein, was heute durch einen Einschnitt operiert wurde.

Montag, 22. August 2011 *Vor 255 Jahren anno 1756* ward dies ein Sonntag. Ich kehrte am Freitag aus Berlin wieder nach Sanssouci zurück, wo ich den schönen Augustsonntag verbrachte.

Dienstag, 23. August 2011 *Vor 265 Jahren anno 1746* ward dieser Tag gleichsam ein Dienstag. Heute schickte ich von Potsdam aus meinem Husarengeneral von Zieten als Anerkennung einen prächtigen türkischen Säbel. Um diese Zeit verschönerte ich die Montierung des Zieten-Regiments, indem ich die 12 Tigerdecken, welche meine Mutter den Offizieren vermacht hatte, um eine gewisse Anzahl vermehrte. Die „Escadronenchefs" bekamen auf ihre Zobelmützen statt eines Federbusches einen Adlerflügel und die Subalternen Reiherfedern. Mit diesen und den Tigerdecken paradierten sie nun jedes Mal am ersten Tag, wenn ich die Revue passieren ließ.

Mittwoch, 24. August 2011 *Vor 260 Jahren anno 1751* ward dies ein Dienstag. Ich weilte in Potsdam und morgen reiste ich nach Küstrin.

Donnerstag, 25. August 2011 *Vor 265 Jahren anno 1746* ward dieser Tag gleichsam ein Donnerstag. Ich war seit knapp zwei Wochen in Potsdam und versuchte mein Beinleiden und die Hämorrhoidenbeschwerden zu kurieren. Zu allem Leid ereilte mich heute noch ein schwerer Gichtanfall.

Freitag, 26. August 2011 *Vor 255 Jahren anno 1756* ward dies ein Donnerstag. Ich regierte von Sanssouci aus das Land. Die militärischen Vorbereitungen liefen auf vollen Touren. In wenigen Tagen begann der dritte Krieg um Schlesien. Gestern kam die zweite negative Antwort aus Österreich an. Ich sandte heute eine dritte Friedensbotschaft an Maria Theresia, die mein Gesandter ***Joachim Wilhelm von Klinggräffen*** übergab.

Sonnabend, 27. August 2011 *Vor 265 Jahren anno 1746* ward dieser Tag gleichsam ein Sonnabend. Diese ganze letzte Zeit verweilte ich krank in Potsdam und versuchte, mich gesund zu pflegen. Heute besuchte mich mein Freund ***Friedrich Rudolf von Rothenburg***. Sein Besuch tat mir gut, sodass ich am Dienstag das erste Mal wieder ausgehen konnte.

Sonntag, 28. August 2011 *Vor 265 Jahren anno 1746* ward dieser Tag gleichsam ein Sonntag. Ich verblieb nahezu den ganzen Monat krank in Potsdam. Nur sehr langsam trat eine Besserung ein.

Montag, 29. August 2011 *Vor 255 Jahren anno 1756* ward dies ein Sonntag. Ich ward weder in Sanssouci noch in Potsdam. Gestern hatte ich mein Lustschloss Sanssouci über Beelitz verlassen und erreichte heute Jüterbog, wo ich die sächsische Grenze überschritt. Durch Kriegserklärung Englands an Frankreich entstand seit Mai des Jahres eine bedrohliche Situation. Österreich rüstete zum Krieg gegen Preußen, um Schlesien zurückzuerobern. Dazu hatte es sich ringsum mit Sachsen, Russland und Frankreich gegen mich verbündet. Durch Spionage gelangte ich in die Kriegsvorbereitungspläne meiner Gegner. Mehrmals ließ ich durch meinen Gesandten in Wien, ***Joachim Wilhelm von Klinggräffen***, gewisse Friedensmahnungen an Maria Theresia übergeben, doch sie verhallten wirkungslos. Mein Ziel war es nun, meinem Gegner zuvor zu kommen. Aus diesem gewichtigen Grund musste ich mich zum Einmarsch der preußischen Armee in Sachsen entschließen. Mein General ***Ferdinand von Braunschweig*** besetzte heute **Leipzig**. Innerhalb kurzer Zeit kapitulierte Sachsen. Österreich versuchte vergeblich, seinem Verbündeten zur Hilfe zu kommen.

Dienstag, 30. August 2011 *Vor 265 Jahren anno 1746* ward dieser Tag gleichsam ein Dienstag. Ich verharrte nun fast drei Wochen mehr oder weniger krank im Bett in Potsdam. Nach wochenlanger Krankheit ging ich heute zum ersten Mal wieder aus und reiste ab nach Berlin.

Mittwoch, 31. August 2011 *Vor 268 Jahren anno 1743* ward dies ein Sonnabend. Von Berlin kommend hielt ich mich in Potsdam auf, ging aber schon morgen wieder nach Charlottenburg.

Der September
- lateinisch Septembris und altdeutsch Herbstmond

Anfang September kehrte ich meistens von Inspektionsreisen aus Schlesien zurück und schon am 3. September sah mich fast immer Sanssouci wieder. Im September wurden in Potsdam die Herbstmanöver abgehalten, die meine Anwesenheit erforderten. Nach der Rückkehr aus Schlesien waren die großen Manöver bei Potsdam gleichsam der Beschluss der Hauptperioden, insbesondere der militärischen Übungen, die erst wieder im Frühjahr ihren Lauf nahmen. Aber nicht nur die Soldaten verließen das Manöverfeld, auch die meisten Vögel verzogen sich langsam in wärmere Regionen.

Manche Pflanzen trugen im September noch Früchte, darunter die Pappel, Weiden, Orchideen und die Nadelbäume sowie der Ahorn. Die Tiere stellten sich auf die kälter werdende Jahreszeit ein. Die Bienen deckten sich mit Honig und Pollen ein und die fleißigsten Futtersammler waren die Eichhörnchen, Feldmäuse, Biber und Hamster. Sie verscharrten ihre Vorratsdepots, um im Winter zu überleben.

In Sanssouci reiften die Weintrauben auf der Sonnenterrasse und spendeten mir viel Freude. Gleichsam den Tieren des Waldes füllten die Hofköche nun ihr Winderdepot. Pilze wurden getrocknet, Gurken eingelegt, frisches Gemüse und Obst eingekocht und eingelagert. Im September servierte die Hofküche vorzugshalber Austern und Muscheln. Doch auch einfachere Gerichte mit Sauerkraut, saftigem Holunder, Kürbisgemüse und leckerer Pflaumenkuchen waren im September gern am königlichen Tisch gesehen und gleichsam machte die eintretende Birnenernte keinen Bogen um des Königs Tafel. Am Michaelistag Ende des Monats kamen Gänse auf den Tisch, die mit Äpfeln, Rosinen und Kräutern gefüllt wurden und reichlich mit Fleischbrühe übergossen im Ofen brutzelten.

Weintrauben in Schloss Sanssouci

September-Geschichte:

24. September anno 1746 vor 265 Jahren:

Erste Weintraubenernte in Sanssouci

Meine Gartenanlage war nicht nur einfach Ziergarten, sondern gleichsam Nutzgarten. Hier verwirklichte ich mein Lebensmotto: das Schöne mit dem Nützlichen zu verbandeln. Schon anno 1746 erfreuten mich die ersten Früchte meines noch sehr kleinen königlichen Gartenreviers in Sanssouci.

Im August anno 1743, hatte ich den ersten Ausflug auf den wüsten Berg von Potsdam gewagt. Auf der höchsten Stelle, vis-à-vis der Windmühlen, mit weitem Blick ins Land, da hielten wir Picknick. Seitdem sind drei Jahre vergangen und aus dem wüsten Berg ist ein ansehnlicher Weinberg geworden. Vor zwei Jahren lieferte ich die ersten beiden Entwurfszeichnungen zur Neugestaltung des Weinbergs. Georg Wenzeslaus von Knobelsdorff und Friedrich Wilhelm Dietrichs wurden mit der Gestaltung der Weinberganlage betraut. Letztes Jahr hatte ich die Terrassierung dieses abgeschiedenen Ortes befohlen und meine Weinstöcke pflanzen lassen.

Der Schlossbau hatte begonnen und wird aber erst nächstes Jahr fertiggestellt sein. Meine Gruft in Gottes freier Natur am östlichen Rand des Weinbergs war bereits fertig. Doch der Weinberg erstrahlte nunmehro erstmalig in froher Traubenpracht. Ich konnte bereits die ersten Früchte meiner Gartenkultur genießen. Meine großen Bemühungen hatten sich auf wundersame Weise erfüllt: Am 24. September anno 1746 konnte ich in Sanssouci die ersten Weintrauben ernten. Mein Küchengärtner Johannes H. Müller und mein neu angestellter Hofgärtner Philipp Friedrich Krutisch hatten gute Arbeit geleistet.

Diese wundersame Traubenernte blieb keineswegs die Ausnahme. Schon zwei Jahre später, zum Geburtstag meiner Mutter, am 27. März anno 1748, konnte ich bei der Tafelrunde die Festgesellschaft mit einem Dessert von trefflichen Weintrauben, Kirschen, Pflaumen und Pfirsichen angenehm überraschen. All diese Bestandteile des Obstsalates waren in meinem eigenen Garten gewachsen, teilweise in freier Natur, teilweise hinter Treibmauern mit Fenstern, die die Sonnenstrahlen verstärkten. Noch zwanzig Jahre später reiften die Trauben in Sanssouci und konnten gepflückt werden. Die Weinlese meiner Hofgärtner war für mich immer ein großartiges Ereignis. Einige dieser edlen Weintrauben schickte ich an meinen Freund Fouqué. Am 26. September anno 1766 schrieb ich ihm: „Da ich in Schlesien erfahren habe, dass Sie gern Ungarnwein haben wollen, so schicke ich Ihnen hierbei welchen, auch von meinen Trauben, die Sie nur im Fall, wenn Sie Ihnen nicht schädlich sind, genießen müssen."

Tatsächlich waren mir die Trauben aus meinem Weinberg zumeist zu schade, um aus ihnen Wein zu pressen. Ich wollte sie ganz natürlich verspeisen. Die nächsten Wochen waren sie mein täglicher Begleiter. Überall, wo ich mich aufhielt, da stand eine Porzellanschale mit frischen Weintrauben aus meinen königlichen Gärten auf dem Tisch.

Der Weinanbau in und um Potsdam war ursprünglich durchaus lukrativ. Potsdam glänzte einstmals durch die ausgezeichnetsten Weinberge der Mark. Erst der herbe Winter vor meiner Thronbesteigung, anno 1739/40, machte manchem Winzer dahiero einen Strich durch die Rechnung. Er führte zu den stärksten Einbußen seit dem 30-jährigen Krieg. Mit größter Sorgfalt legte ich, so wie meine Vorfahren, immer wieder Weinberge an. Bis ins hohe Alter bewahrte ich mir diese Leidenschaft der Förderung der Weinbergskultur. Ich versuchte gegen die Vernichtung der Rebflächen anzugehen und so war mein Weinberg von Sanssouci geradezu Programm. Ich machte aus dem von mir zuerst als Winzerhaus gedachtem Bauwerk auf dem Weinberg mein weltberühmtes Schloss Sanssouci.

Meinem rheinischen Grenadier schenkte ich als Winzerhaus das Drachenhäuschen auf dem Klausberg, mit der Auflage, rings herum einen weiteren Weinberg anzulegen. Doch leider blieb der Ertrag sehr dürftig und der Weinanbau dort musste zugunsten von Obstbäumen eingestellt werden. Nur einen Steinwurf weiter, auf den Terrassen von Sanssouci, da aber reiften die Trauben bis ins 21. Jahrhundert.

Donnerstag, 1. September 2011 *Vor 265 Jahren anno 1746* ward dieser Tag gleichsam ein Donnerstag. Seit Wochen kränkelte ich und versuchte mich in Potsdam zu kurieren. Heute begann eine mehrtägige Behandlung meines Geschwürs am Bein „mit Höllenstein"

Freitag, 2. September 2011 *Vor 265 Jahren anno 1746* ward dieser Tag gleichsam ein Freitag. Ich verweilte in Potsdam. Mein Geschwür am Bein machte mir weiter zu schaffen, trotz der Behandlung mit Höllenstein.

Sonnabend, 3. September 2011 *Vor 230 Jahren anno 1781* ward dies ein Montag. Ich kehrte heute von meiner Inspektions-Reise aus Schlesien wieder nach Potsdam zurück und begab mich sogleich nach Sanssouci.

Sonntag, 4. September 2011 *Vor 265 Jahren anno 1746* ward dieser Tag gleichsam ein Sonntag. Ich war in Potsdam und nach wochenlanger Krankheit langsam auf dem Weg der Genesung.

Montag, 5. September 2011 *Vor 265 Jahren anno 1746* ward dieser Tag gleichsam ein Montag. Ich befand mich in Potsdam.

Dienstag, 6. September 2011 *Vor 265 Jahren anno 1746* ward dieser Tag gleichsam ein Dienstag. Ich verharrte in Potsdam. Meine Wunde am Bein hatte sich durch die Behandlung mit Höllenstein in den letzten Tagen gebessert, doch das Geschwulst am Bein verursachte immer noch Schmerzen.

Mittwoch, 7. September 2011 *Vor 235 Jahren anno 1776* ward dies ein Sonnabend. Ich weilte in Potsdam in Sanssouci. Überall wurde über meine lang andauernde Krankheit gesprochen, selbst in der fernen Schweiz. Obwohl ich seit dem Sommer wieder genesen war, lieferte meine Krankheit vielfältige Erörterungen. Ich schrieb heute an ***Voltaire***: „Man erzeigt mir in der Schweiz viel Ehre, daß man von mir spricht. Wirklich war ich im vorigen Winter krank; aber seit meiner Genesung befinde ich mich fast eben so, wie vorher. ***Vielleicht giebt es Leute in der Welt, denen ich zu lange lebe, und die meine Gesundheit deshalb verläumden, weil sie glauben, wenn sie viel davon reden, so könne ich den gefährlichen Sprung wohl eben so geschwind machen, als sie es wünschen. Ludwig XIV und XV ermüdeten durch ihre lange Regierung die Geduld der Franzosen. Ich stehe nun sechs und dreißig Jahre am Ruder; vielleicht mißbrauche ich, wie sie, das Privilegium zum Leben, und bin nicht gefällig genug, dann aufzubrechen, wenn man meiner überdrüssig ist. Die Methode, mich nicht zu schonen, habe ich noch wie sonst, je mehr man sich in Acht nimmt, desto empfindlicher und schwächer wird der Körper. Mein Stand verlangt Arbeit und Thätigkeit; mein Leib und mein Geist beugen sich unter ihre Pflicht. Das ich lebe, ist nicht nothwendig, wohl aber,***

daß ich thätig bin. Dabei habe ich mich immer wohl befunden."

An diesem Tage schrieb ich ebenso an meinen Brieffreund ***d'Alembert***. Seine Lebensgefährtin, Julie de Lespinasse, war im Mai verstorben. Der Schmerz für d'Alembert war groß. Er vermisste die sehr umsichtige Salonière enorm. Wobei nun bei mir die Hoffnung aufkam, mein alter Brieffreund würde mich in Potsdam besuchen kommen. Sein letzter Potsdamaufenthalt lag nun schon über 13 Jahre zurück. Ich schrieb an d'Alembert: „***Die Natur hat gewollt, daß wir Gefühl haben sollten, und nie wird uns die Philosophie zur Apathie bringen. Und gesetzt, dies sei möglich; so wäre es der Gesellschaft schädlich, denn man würde nicht mehr bei Unglück Anderer Mitleid fühlen, und das Menschengeschlecht hart und unbarmherzig werden.***" Ich fügte hinzu: „***Wir gleichen den Flüssen, die ihren Namen behalten, aber deren Wasser sich stets verändert. Wenn ein Theil der kleinen Bestandtheile, woraus wir zusammen gesetzt wurden, durch andere ersetzt worden ist; so verliert sich die Erinnerung der Gegenstände, welche uns Vergnügen oder Schmerz gemacht haben, weil wir in der That nicht mehr dieselben sind, und weil die Zeit uns unaufhörlich erneuert.*** Dieses ist eine Trostquelle für die Unglücklichen, von welcher jeder denkende Mensch Gebrauch machen muß."

Donnerstag, 8. September 2011 *Vor 265 Jahren anno 1746* ward dieser Tag gleichsam ein Donnerstag. In Potsdam besuchte mich seit ein paar Tagen mein Kastrat ***Salimbeni***. Er war mein Lieblingssänger und heiterte mich durch seine bezaubernde Stimme auf. Dadurch trug er sehr zu meiner Gesundung bei, denn seit über einem Monat sah ich mich mehrfachen gesundheitlichen Leiden ausgesetzt.

Freitag, 9. September 2011 *Vor 225 Jahren anno 1786* ward dies ein Sonnabend. Mein Leichenbegräbnis fand heute in der **Potsdamer Garnisonskirche** statt.

Sonnabend, 10. September 2011 *Vor 265 Jahren anno 1746* ward dieser Tag gleichsam ein Sonnabend. Ich weilte in Potsdam und versuchte meinen Gesundheitszustand zu heben.

Sonntag, 11. September 2011 *Vor 265 Jahren anno 1746* ward dieser Tag gleichsam ein Sonntag. Nach wochenlanger Krankheit ging es mir nun wieder besser. In Potsdam konnte ich mich nun von meinen Leiden einigermaßen kurieren.

Montag, 12. September 2011 *Vor 275 Jahren anno 1736* ward dies ein Mittwoch. Ich besuchte heute in Potsdam meinen Vater ***Friedrich Wilhelm I***.

Dienstag, 13. September 2011 *Vor 245 Jahren anno 1766* ward dies ein Sonnabend. Ich weilte in Sanssouci und schrieb heute meinem Freund ***Voltaire***: „***Aberglaube ist eine Schwäche des menschlichen Verstandes, ist mit diesem Wesen innig verwebt, existirte immer und wird immer existiren***."

Mittwoch, 14. September 2011 *Vor 225 Jahren anno 1786* ward dies ein Donnerstag. Meine Schwester ***Amalie*** reiste heute nach Sanssouci, wo sie sich mein **Sterbezimmer** zeigen ließ. Hernach besuchte sie meine damalige Ruhestätte in der Potsdamer Garnisonskirche. Sie folgte mir bald nach. Bereits im kommenden Jahr verstarb sie im Alter von 64 Jahren.

Donnerstag, 15. September 2011 *Vor 235 Jahren anno 1776* ward dies ein Sonntag. Ich verblieb in Potsdam und es waren dieser Tage bei mir zu Besuch: der dänische Gesandte Baron ***von Rosenkron*** und der dänische Gesandte am russischen Hofe, General-Major ***von Ahlefeld***, der morgen eintraf.

Freitag, 16. September 2011 *Vor 260 Jahren anno 1751* ward dies ein Donnerstag. Ich kehrte heute nach Potsdam zurück, wo ich mich von meiner dreiwöchigen Reise nach Schlesien erholen musste. In meiner Begleitung befanden sich meine beiden Brüder ***Heinrich*** und ***Ferdinand*** sowie die Generale ***Buddenbrock***, ***Rothenburg***, ***Winterfeld*** und ***Keith***, desgleichen folgten mir ***Voltaire***, ***Darget*** und ***Maupertuis***.

Sonnabend, 17. September 2011 Vor 245 Jahren anno 1766 ward dies ein Mittwoch. Seit gestern besuchte mich in Potsdam der regierende Markgraf ***Karl Alexander von Ansbach***. Morgen starteten in Potsdam die gewöhnlichen Herbstmanöver, wozu sich eine Vielzahl in- und auswärtiger Besucher einfanden, die ich begrüßte und bewirtete.

Sonntag, 18. September 2011 *Vor 245 Jahren anno 1766* ward dies ein Donnerstag. Ich hielt in Potsdam, beginnend im Umland, dreitägige „Manövre“ ab. „Alle Generale und Stabsofficiere werden an dem dritten Manövretage“ zur Tafel zu mir nach Sanssouci eingeladen.

Montag, 19. September 2011 *Vor 260 Jahren anno 1760* ward dies ein Sonntag. Ich weilte seit Donnerstag in Potsdam und regenerierte mich von den Strapazen meiner dreiwöchigen Reise nach Schlesien.

Dienstag, 20. September 2011 *Vor 265 Jahren anno 1746* ward dieser Tag gleichsam ein Dienstag. Mein akademischer Freund ***Maupertuis*** war aus Paris zurückgekehrt und besuchte mich in Potsdam für vier Tage. Er überzeugte sich sogleich, ob meine Gesundheit wiederhergestellt war, denn wochenlang verharrte ich im August mehr oder weniger im Bett.

Mittwoch, 21. September 2011 *Vor 245 Jahren anno 1766* ward dies ein Sonntag. Heute gab ich in Sanssouci einen Ball.

Donnerstag, 22. September 2011 *Vor 245 Jahren anno 1766* ward dies ein Montag und ich weilte in Sanssouci.

Freitag, 23. September 2011 Heute ist Herbstanfang. *Vor 245 Jahren anno 1766* ward dies ein Dienstag. Während des Tages gab es bei Potsdam eine höfische **Jagdgesellschaft**, genannt das „Lustjagen“. Besser als die Jägerei fand ich das Abendprogramm. Es kam auf dem **Schlosstheater** ein „Drama per Musica“ von ***Giuseppe Scolari*** mit einem Libretto von ***Carlo Goldoni*** zur Aufführung. Die Oper trug den Namen: „Il Conte caramella“.

Sonnabend 24. September 2011 *Vor 265 Jahren anno 1746* ward dieser Tag gleichsam ein Sonnabend. Ich bin in Sanssouci und genoss nicht nur das herrliche spätsommerliche Wetter, sondern auch die erste kleine **Weinlese** auf meinem Weinberg in Sanssouci.

Sonntag, 25. September 2011 *Vor 245 Jahren anno 1766* ward dies ein Donnerstag, den ich in Sanssouci verbrachte. Es kam die Komödie „le Misanthrope“ von ***Moliére*** zur Aufführung, genannt der Menschenfeind oder der verliebte Melancholiker.

<u>**Montag, 26. September 2011**</u> *Vor 245 Jahren anno 1766* ward dies ein Freitag. In Sanssouci wurden **Weintrauben** geerntet. Ich schickte einige davon meinem Freund ***Fouqué***.

<u>**Dienstag, 27. September 2011**</u> *Vor 230 Jahren anno 1781* ward dies ein Donnerstag. Von Potsdam aus schrieb ich heute meinem Brieffreund ***d'Alembert*** und gebe ihm meine Lebensweisheit zur Kenntnis: „Bedenken Sie, daß die ***Geistesruhe und die Heiterkeit die einzige Art von Glück sind, dessen wir genießen können; in uns selbst müssen wir unser Glück suchen, nicht in äußern Dingen, die uns durch falschen Schein täuschen.*** Angenehme Einbildungen trösten mich über den Kummer, den die traurigen Wahrheiten mir verursachen. Machen Sie es eben so, mein lieber d'Alembert."

<u>**Mittwoch, 28. September 2011**</u> *Vor 265 Jahren anno 1746* ward dieser Tag gleichsam ein Mittwoch. Ich weilte in Potsdam. Die letzten Tage besuchte mich hier der schwedische Gesandte ***Wulfenstierna***, morgen reist er nach Stockholm ab.

<u>**Donnerstag, 29. September 2011**</u> *Vor 260 Jahren anno 1751* ward dies ein Mittwoch. Ich litt seit drei Tagen in Potsdam an „coliques hémorroidales".

<u>**Freitag, 30. September 2011**</u> *Vor 240 Jahren anno 1771* ward dies ein Montag. Dieser Tage besuchte mich in Potsdam auf meine Einladung hin der sächsische Minister ***Thomas von Fritsch***, welcher einstmals die Friedensunterhandlungen zu Hubertusburg als Unterhändler Sachsens geführt hatte. Kurz vor seiner Abreise äußerte der Freiherr, seine Rückreise sollte über Berlin gehen. Ich fragte ihn, warum er über Berlin zu reisen gedachte. Er antwortete mir, er plane den berühmten ***Moses Mendelssohn*** persönlich kennenzulernen. Ich entgegnete ihm, dass ich, „um ihn noch etwas länger" in meiner Nähe zu haben, „den Moses Mendelssohn nach Potsdam kommen lassen werde". Dies geschah denn auch. Ich hatte ausdrücklich in die Einladung zur Audienz geschrieben: an den berühmten Moses Mendelssohn. Bei der Ankunft Mendelssohns am Potsdamer Stadttor ereignete sich leider eine etwas unangenehme Szene, weshalb Mendelssohn unverrichteter Dinge wieder zurückfuhr. In dieser Zeit scheiterte gleichsam die Aufnahme Moses Mendelssohns in die Berliner Akademie der Wissenschaften.

Ich gedachte meiner jüngeren Schwester ***Ulrike*** den Vortritt zu geben, die sich sehr bemühte, Mendelssohn zum Mitglied der Schwedischen Akademie der Wissenschaften zu machen. Die Akademie hatte meine Schwester gegründet und diese Akademie war für sie eine Herzensangelegenheit als Königinwitwe.

Der Oktober
- lateinisch Octobris und altdeutsch Weinmond

Solange die Witterung es erlaubte, blieb ich in Potsdam in meinem kleinen Lustschloss in Sanssouci. Möglichst viele Tage vom bunten Oktober wollte ich in meinem Lustgarten Sanssouci genießen. Mit den kälter werdenden Tagen zog ich dann ins Stadtschloss um, entweder ins Potsdamer oder ins Berliner Stadtschloss. Die Manöverzeit war vorbei und ich empfing soweit ich konnte im Oktober immer im großen Marmorsaal des Potsdamer Stadtschlosses eine oder zwei Kompanien des ersten Bataillons Garde. Dabei ging ich mit dem Kapitän und dem Feldwebel der Kompanie durch Reih' und Glied. Ich sprach mit diesem und jenem Soldaten. Bei dieser Gelegenheit stellte ich meinen Soldaten dann verschiedene persönliche Fragen hinsichtlich der Dienstzeit und des Wohlbefindens.

Es war die Zeit, wo ich von der Jägerinnung oftmals Hirsch und anderes Wild geschenkt bekam, was dann von meinen Hofköchen verarbeitet wurde, obwohl ich ansonsten kein Freund der Jagdgesellschaften ward. Aber auch Rebhühner und anders Vogelgetier landete nun auf der Königstafel.

Im Oktober wurden die Zweige und getrockneten Blumen zu einem schönen Trockenstrauß gebunden und spendeten viele Monate in den Schlössern wahre Blumenfreude. Auch im Oktober gab es außer dem Wein noch einige Früchte zu ernten. Die Hagebutten leuchteten und ihr rotes Fleisch galt als sehr vitaminreich. Die Schlehen wurden nach dem ersten Frost geerntet und spendeten einen guten Saft und eine wohlschmeckende Marmelade. Die Hofküche verbrauchte oder konservierte im Oktober alle noch nicht verarbeiteten geernteten Beeren und Früchte. Besonders das Trockenobst ward in den kalten Monaten von mir sehr geschätzt. Feigen und Trauben ließ ich in Sanssouci auf den Sonnenterrassen in den zurückliegenden Wochen trocknen, um dann je nach Bedarf verzehrt zu werden. Viele frische Äpfel wurden geerntet und in mancherlei Fasson verzehrt. Aus den Apfelschalen wurde mir ein bekömmlicher Tee bereitet. Die im Ofen der Hofküche getrockneten Apfelschalen spendeten im Winter, mit Honig versetzt, ein gutes Heißgetränk. Es löste die Verschleimungen und aufgrund des Gehalts von Vitamin C beugte es Erkältungen vor.

Die Pfefferwurzel, wie mein im Spreewald geernteter frischer Meerrettich bisweilen genannt wurde, kam nun auf des Königs Tisch, um den Körper in den kälter werdenden Tagen in Bewegung zu halten. Meerrettich wurde nebst Preiselbeeren zum Fleisch serviert, aber auch anderen Speisen zugegeben. Er war nicht nur ein Geschmacksverfeinerer für Soßen und Gerichte verschiedenster Art, sondern gerieben auch ein wahrhaftes Wundermittel gegen Erkältungskrankheiten. Meine Köche legten den geriebenen Meerrettich in Konserven ein, mit und ohne Beigaben von Zwiebeln, Knoblauch und anderem Gemüse. Der Meerrettich galt als ein wahrhafter Vitaminprotz. Er verfügte über mehr Vitamin C als die Zitronen und zeichnete sich durch einen hohen Gehalt an Kalium und ätherischen Ölen aus.

Mekkabalsam aus Konstantinopel

Oktober-Geschichte:

Potsdam, 11. Oktober anno 1766 vor 245 Jahren:

Balsam für Fouque

Vor über zwei Wochen schickte ich meinen Freund Heinrich August de la Motte-Fouqué frisch geerntete Weintrauben aus Sanssouci und setzte ihn gleichsam davon in Kenntnis, dass ich wegen des Balsams aus Mekka an den Großsultan nach Konstantinopel geschrieben hatte. Ich vermute, der Vorrat meines Freundes an heilendem Balsam dürfte zur Neige gegangen sein. Der kränkelnde Fouqué bedurfte meiner besonderen Fürsorge. Seit weit über dreißig Jahre kannte ich ihn und wollte ihn nicht verlieren. Er hat bereits aus gesundheitlichen Problemen den Soldatendienst quittiert, worauf ich ihm die Dompropstwürde der Stadt Brandenburg verlieh. Wir besuchten uns gegenseitig regelmäßig und standen in ständigem Briefkontakt. Ich bemühte mich sehr, seine Gesundheit zu heben.

Nun soll der Balsam seinen müden Körper wieder Kraft verleihen.

Der wohlriechende Mekkabalsam galt als der vornehmste unter den natürlichen Balsamen. Er wurde aus dem Baumöl des arabischen Balsambaumes *Commiphora opobalsamum* gewonnen. Der aus dem Baumstamme fließende Balsam war die wertvollste Ölsorte. Dieser hellgelbe, dünnflüssige, angenehm riechende Baumsaft, der ähnlich wie Salbei und Zitronenöl duftete, war nur schwer zu bekommen. Mekkabalsam wurde von den Türken so sehr geschätzt, dass sie ihn nicht verkauften, sondern er kam nur als Geschenk der Sultane an die Höfe Europas. Die weniger wertvolle Sorte ist dickflüssiger und wurde durch Einkochen der Blätter und Zweige gewonnen. Meinen guten Kontakten zur hohen Pforte, so wird die Regierung am Palast des Sultans genannt, war es zu verdanken, dass ich regelmäßig Balsam aus Mekka genießen durfte. Schon im Altertum war der Mekkabalsam als Heilmittel sehr geschätzt.
Nun traf heute bei mir in Potsdam der Balsam aus Konstantinopel ein. Der Großwesir hat ihn mir geschickt. Ich versah den Balsam mit einem Brief und sandte ihn sofort zu meinem Freund Fouqué nach Brandenburg.

Sonnabend, 1. Oktober 2011 *Vor 265 Jahren anno 1746* ward dieser Tag gleichsam ein Sonnabend. Ich weilte seit gut zwei Wochen in Potsdam. Morgen ging ich über Charlottenburg nach Berlin.

Sonntag, 2. Oktober 2011 Heute ist Erntedankfest. *Vor 265 Jahren anno 1746* ward dieser Tag gleichsam ein Sonntag. Ich genoss den Spätsommer in Potsdam und machte mich erst übermorgen nach Berlin auf.

Montag, 3. Oktober 2011 Heute ist **Tag der Deutschen Einheit.** Vor 265 Jahren anno 1746 ward dieser Tag gleichsam ein Montag. Ich reiste heute von Potsdam ab nach Charlottenburg.

Dienstag, 4. Oktober 2011 *Vor 235 Jahren anno 1776* ward dies ein Freitag. Ich befand mich in Sanssouci. In Amerika entstand heute die „Conföderation und ewige Union der 13 vereinigten Staaten von Nordamerika, geschlossen zu Philadelphia." Preußen gehörte zu den ersten Ländern, die diesen Staat anerkannten.

Mittwoch, 5. Oktober 2011 *Vor 260 Jahren anno 1751* ward dies ein Dienstag. Endlich erholte ich mich in Potsdam von der mich die letzten zwei Wochen plagenden „coliques hémorroidales".

Donnerstag, 6. Oktober 2011 *Vor 260 Jahren anno 1751* ward dies ein Mittwoch. Ich residierte in Potsdam.

Freitag, 7. Oktober 2011 *Vor 260 Jahren anno 1751* ward dies ein Donnerstag. Ich weilte noch immer in Potsdam, begab mich aber morgen nach Berlin.

Sonnabend, 8. Oktober 2011 *Vor 265 Jahren anno 1746* ward dieser Tag gleichsam ein Sonnabend. Ich kam an diesem Tag von Charlottenburg nach Potsdam zurück, wo ich mich von meinen Staatsgeschäften erholte. Erst in zwei Wochen ging ich wieder nach Berlin.

Sonntag, 9. Oktober 2011 *Vor 265 Jahren anno 1746* ward dieser Tag gleichsam ein Sonntag. Ich genoss die letzten schönen Tage des Jahres in Potsdam.

Montag, 10. Oktober 2011 *Vor 260 Jahren anno 1751* ward dies ein Sonntag. Ich bin in Potsdam. Vor zwei Tagen hatte ich in Berlin den französischen Gesandten ***von Guimont*** zur Audienz empfangen. Er reiste heute über Potsdam zurück nach Genua.

Dienstag, 11. Oktober 2011 *Vor 245 Jahren anno 1766* ward dies ein Sonnabend. Den soeben bei mir in Potsdam angekommenen „**Mekkaschen Balsam**" schickte ich mit einem freundschaftlichen Brief an Fouqué.

Mittwoch, 12. Oktober 2011 *Vor 265 Jahren anno 1746* ward dieser Tag gleichsam ein Mittwoch. Ich befand mich in Potsdam und begab mich zum Oberstleutnant ***von Kleist***, wo ich bei der **Taufe** das kleine Kind allerhöchst selber aus dem Taufbecken hob und die Patenschaft übernahm. Der Gemahlin meines Gardeoffiziers von Kleist schenkte ich einen kostbaren Ring.

Donnerstag, 13. Oktober 2011 *Vor 245 Jahren anno 1766* ward dies ein Montag. Heute speiste ich in Potsdam mit der Fürstin ***Poniatowsky***, der Schwester des Königs von Polen, die mich in meiner Residenz besuchte.

Freitag, 14. Oktober 2011 *Vor 245 Jahren anno 1766* ward dies ein Dienstag. Heute besuchte mich in Potsdam mein Bruder ***Heinrich***.

Sonnabend, 15. Oktober 2011 *Vor 260 Jahren anno 1751* ward dies ein Freitag. Ich residierte in Potsdam, wo mich gestern mein einstiger Erzieher und nunmehrige Feldmarschall ***von Kalkstein*** besuchte.

Sonntag, 16. Oktober 2011 *Vor 260 Jahren anno 1751* ward dies ein Sonnabend. Ich genoss in Potsdam das Intermezzo „Il Giocatore" mit einer neuen Schauspielerin. Prinz ***Franz von Braunschweig*** besuchte mich heute, ebenso kam der Fürst von „Cooswaren-Looz" nach Potsdam und trat als Oberkammerherr in preußische Dienste.

Montag, 17. Oktober 2011 *Vor 260 Jahren anno 1751* ward dies ein Sonntag, an dem ich in Potsdam verweilte.

Dienstag, 18. Oktober 2011 *Vor 260 Jahren anno 1751* ward dies ein Montag. Bei mir in Potsdam kam heute zu Besuch der Erbprinz ***Karl Georg Lebrecht von Anhalt-Köthen***, der schon bald darauf aus dänischem Militärdienst in preußische Dienste übertrat.

Mittwoch, 19. Oktober 2011 *Vor 265 Jahren anno 1746* ward dies gleichsam ein Mittwoch. In meiner Gesellschaft in Potsdam befanden sich die letzten acht Tage ***Maupertuis*** und ***d'Arge***t. Heute reisten sie ab.

Donnerstag, 20. Oktober 2011 *Vor 240 Jahren anno 1771* ward dies ein Sonntag. Ich genoss die Oktober-Tage und in dieser Zeit kamen zu mir der Minister ***von Finkenstein*** und der General ***von Buddenbrock***.

Freitag, 21. Oktober 2011 *Vor 235 Jahren anno 1776* ward dies ein Montag. Ich weilte in Sanssouci und erwartete einen Brief von Voltaire. Morgen traf er endlich ein.

Sonnabend, 22. Oktober 2011 *Vor 235 Jahren anno 1776* ward dies ein Dienstag, Ich weilte in Sanssouci, schrieb heute zwei Briefe nach Frankreich und fügte einige meiner neuen Gedichte hinzu. Der erste erging an ***Voltaire***. Wobei ich mich seit Wochen nach einer Antwort von Voltaire sehnte. Den zweiten Brief richtete ich an ***d'Alembert***: „Ich meinerseits sehe mit Ungeduld den schönen Herbst, den wir jetzt haben; ich frage: wann kommt der Frühling, und endlich jener Sommer, der mir das Vergnügen schaffen wird, Sie wiederzusehen?"

Sonntag, 23. Oktober 2011 *Vor 265 Jahren anno 1746* ward dies ein Sonntag. Ich befand mich in Potsdam, doch morgen musste ich für drei Tage nach Berlin gehen.

Montag, 24. Oktober 2011 *Vor 245 Jahren anno 1766* ward dies ein Freitag. Die Korrespondenz mit ***Voltaire*** setzte ich heute von Potsdam aus fort und philosophierte über die **Aufklärung** des menschlichen Wesens: „Ich wünsche Ihnen Glück zu der guten Meinung, die Sie von der Menschheit hegen. Ich, der ich diese ungefiederten zweibeinigen Geschöpfe vermöge der Pflichten meines Standes genau kennen, sage Ihnen zum Voraus, daß weder Sie, noch alle Philosophen der Welt, das menschliche Geschlecht von dem Aberglauben heilen werden, dem es anhängt. Dies ist ein Ingredienz, das die Natur der Kompositon beigemischt hat, woraus unsere Rasse besteht. Es ist meines Erachtens nicht genug, daß man den Menschen ihre Irrthümer benimmt; man müßte ihnen auch Stärke des Geistes einflößen können, sonst werden Empfindlichkeit und Schrecknisse des Todes über die stärksten und kunstgerechtesten Vernunftschlüsse siegen."

Dienstag, 25. Oktober 2011 *Vor 260 Jahren anno 1751* ward dies ein Montag. Meine Kammermusiker gingen heute von Berlin zu mir nach Potsdam, wo sie bis Anfang Mai blieben. Es fand hier die „Probe von Britannicus" statt, einer „Tragedia per Musica" von ***Carl Heinrich Graun***. Desgleichen kam ***Isaak Franz Egmont Chasot*** zu mir nach Potsdam. Morgen gewährte ich ihm seine Abschieds-Audienz.

Mittwoch, 26. Oktober 2011 *Vor 235 Jahren anno 1776* ward dies ein Sonnabend. Die Herbsttage genoss ich in Potsdam. Noch immer plagten mich gesundheitliche Probleme. Ich hatte ein Geschwür am Ohr gehabt, welches mir viele Schmerzen verursachte. Von meinen Krankheiten schrieb ich gleich ***d'Alembert***. Ich hoffte, ihn so etwas trösten zu können, denn erst kürzlich war ihm seine Lebensgefährtin, Mademoiselle ***d'Espinasse***, gestorben und nun wurde seine große Förderin, Madame ***Geoffrin,*** sterbenskrank. Als Trost empfahl ich das Lesen der Bücher des Lukrez, eines vorchristlichen römischen Dichters und Philosophen: „***Wenn ich traurig bin, so lese ich das dritte Buch des Lucrez, und das tröstet mich.***"

Donnerstag, 27. Oktober 2011 *Vor 260 Jahren anno 1751* ward dies ein Mittwoch. Es kam heute bei mir in Potsdam das **Intermezzo** zur Aufführung: „La riccaratrice divenuta donna" von ***Johann Friedrich Agricola***.

Freitag, 28. Oktober 2011 *Vor 265 Jahren anno 1746* ward dies ein Freitag. Meine beiden Brüder ***Heinrich*** und ***Ferdinand*** leisteten mir in Potsdam Gesellschaft.

Sonnabend, 29. Oktober 2011 *Vor 265 Jahren anno 1746* ward dieser Tag gleichsam ein Sonnabend. Dieses Jahr hatten wir in Sanssouci die ersten Weintrauben geerntet und heute besuchte ich nochmals meinen Weinberg, um mich von der Güte meiner Reben zu überzeugen. Hernach begab ich mich nach Schloss Charlottenburg.

Sonntag, 30. Oktober 2011 Ende der Sommerzeit. *Vor 230 Jahren anno 1781* ward dies ein Dienstag. Ich weilte in Sanssouci und genoss das Herbstwetter. Gestern entwarf ich hier mit dem Minister ***von Heinitz*** einen Generalplan zur Neuordnung des Berg- und Hüttenwesens.

Montag, 31. Oktober 2011 *Vor 260 Jahren anno 1751* ward dies ein Sonntag. Nahezu den ganzen Monat verbrachte ich in Potsdam, so auch den heutigen Tag. Heute kam mein Kammerdiener ***Michael Gabriel Fredersdorff*** zurück.

Der November
- lateinisch Novembris und altdeutsch Windmond

Um diese Zeit rotteten sich in den Wäldern um Potsdam die Wildschweine zusammen. In kleinen Rudeln streiften sie umher. Es begann ihre Paarungszeit. In vier Monaten brachten die Wildsäue jeweils etwa vier bis zehn Frischlinge zur Welt. Die Rothirsche standen schon am Ende ihrer Brunftzeit, aber beim Damwild war nun Fortpflanzung auf ihrem Höhepunkt angelangt. Nur noch wenige Vogelarten erfreuten mich in meinen Parkanlagen in Sanssouci. Die Haubenlerchen gehörten zu den wenigen Singvögeln, die nicht vor der kalten Jahreszeit in Richtung Süden zu fliehen pflegten.

Noch waren meine Köche mit dem Konservieren des Obstes beschäftigt, doch langsam endet die Einmachzeit. Aber allenthalben konnten Schlehen noch gepflückt und verarbeitet werden. Sie spendeten reichlich Gelee. Die wild am Waldesrand wachsenden Büsche trugen schwarzblaue Beeren. Nach dem ersten Frost verloren sie den herben Geschmack und eigneten sich zum Einkochen süßer Äpfel.

Jetzt waren in Preußen die Gänse am fettesten. Am Martinstag bereiteten die Hofköche mir zum 11. November meistens eine frisch gebratene Gans. Gespickter Hasen- und Rinderbraten mit Apfel-Birnen-Rotkohl, Lerchen und Selleriesalat wurden gleichsam im November verspeist. Punsch und Glühwein, gewürzt mit Zimt, grünem Kardamom und Zitronen verschönerten die nasskalten Novembertage und sorgten für einen Wohlgeruch am königlichen Tische. Nicht immer gelang es mir, durch die Heißgetränke den Erkältungskrankheiten vorzubeugen.

Ende November begann die weihnachtliche Backsaison. Marzipan, Pfefferkuchen, Mohn- und Rosinenstollen hielten Einzug am königlichen Tisch. An meiner königlichen Tafel wurde nun viel Schmalzgebackenes serviert und Gebäck mit Rosinen, Mandeln und Korinthen.

Der Alte Fritz als Patient

November-Geschichte:

Potsdam, 29. November anno 1776 vor 235 Jahren:

Krank in Potsdam

Meine schönen Schlösser konnten nicht über meinen angegriffenen Gesundheitszustand hinwegtäuschen. Nachdem das neue Palais fertiggestellt worden war, boten sich viele neue Möglichkeiten für Theateraufführungen und Konzerte. Nun waren die Sommerkonzerte vorbei und die kälter werdende Jahreszeit brachte erhebliche gesundheitliche Probleme mit sich. Sonst hatte ich mich um diese Jahreszeit auf den Weg nach Berlin gemacht, um dort den im Dezember beginnenden Karneval zu genießen und die Festtage im Berliner Stadtschloss zu verbringen. Aber dieses Jahr musste ich krankheitsbedingt in Potsdam verbleiben.

Tatsächlich plagten mich viele körperliche Gebrechen und dies war für mich Anlass, mehr über den Sinn unserer kurzen irdischen Existenz nachzudenken. Ich schrieb meinem Freund d'Alembert, wie sehr mich immer wieder die Krankheiten plagten und ich dennoch meinen königlichen Pflichten nachging: „Ich habe die Rose am Beine gehabt, wo ein großes Geschwür unter dem Knie entstand, ich mußte es öffnen lassen, in einigen Tagen wird sich die Wunde schließen." Ich teilte dies meinem Freund d'Alembert mit und fügte als meine Moralvorstellung hinzu: „Sie rathen richtig, daß es meine Absicht ist, die wenige Zeit über, die ich noch werde zu leben haben, meinem Vaterlande, so wie meinen Zeitgenossen, nützlich zu sein. Die Pflicht des Menschen ist: seinen Mitmenschen in Allem, was von ihm abhängt, nützlich zu sein. Das ist der Inbegriff der Moral, und ein wohl gesinntes Herz wird mit sich selbst unzufrieden sein, wenn es diese Pflicht nicht erfüllt."

Dienstag, 1. November 2011 Allerheiligen. *Vor 240 Jahren anno 1771* ward dies ein Freitag. Heute kamen zu mir nach Potsdam der Minister ***von Finkenstein*** und der Kaiserliche Gesandte ***Gottfried van Switen***, mit dem ich nicht nur über klassische Musik plauderte.

Mittwoch, 2. November 2011 Allerseelen. *Vor 265 Jahren anno 1746* ward dieser Tag gleichsam ein Mittwoch. Ich hielt mich in Potsdam auf.

Donnerstag, 3. November 2011 *Vor 240 Jahren anno 1771* ward dies ein Sonntag. Mich plagte derzeit in Potsdam die Podagra. In Sachsen brach dieser Tage eine Hungersnot aus und die „Polnischen Conföderirten" entführten den König Stanislaus August von Polen aus Warschau, wobei er in Lebensgefahr geriet und verwundet wurde. Diese Ereignisse in Polen boten mir ein gutes Thema zum Dichten. Ich schickte eine erste Probe meiner neuen Gesänge an Voltaire und d'Alembert. Diese Dichtung schloss ich aber erst in der 2. Hälfte des kommenden Jahres ab. Sie trug den Titel: „Der Krieg der Conföderirten".

Freitag, 4. November 2011 *Vor 230 Jahren anno 1781* ward dies ein Sonntag. Zeitweise hielt ich mich trotz des kühler werdenden Herbstwetters noch in Sanssouci auf. Gestern kam aus Berlin Großkanzler ***von Carmer*** zu mir.

Sonnabend, 5. November 2011 *Vor 245 Jahren anno 1766* ward dies ein Mittwoch, an dem ich in Potsdam weilte.

Sonntag, 6. November 2011 *Vor 230 Jahren anno 1781* ward dies ein Dienstag. Immer noch weilte ich trotz der kälter werdenden Jahreszeit teilweise in Sanssouci.

Montag, 7. November 2011 *Vor 230 Jahren anno 1781* ward dies ein Mittwoch. Ich genoss mein kleines Refugium in Sanssouci, auch wenn das Herbstwetter sich langsam verschlechterte. In der Ferne erwachsen neue Konflikte. Kaiser ***Joseph*** kündigte den Grenzsicherungsvertrag mit den Niederlanden auf. Die einseitige Aufkündigung des sog. Barrieren-Traktates birgt viele Gefahren, nicht nur zwischen Holland und Frankreich, sondern auch zwischen den Niederlanden und England.

Dienstag, 8. November 2011 *Vor 245 Jahren anno 1766* ward dies ein Sonnabend. Es standen zwei Geburtstagsfeiern an. Hier in Potsdam genoss ich die Freude, das morgige 20. Geburtstagsfest der jungen Prinzessin von Preußen auszurichten. Das war für mich ein guter Anlass, heute den Feierlichkeiten zum 51. Geburtstag meiner Gemahlin ***Elisabeth Christine*** in Berlin fernzubleiben.

Mittwoch, 9. November 2011 *Vor 245 Jahren anno 1766* ward dies ein Sonntag. Ich bekam heute in Potsdam Besuch aus Württemberg. Der Prinz ***Friedrich Eugen von Württemberg*** und dessen Gemahlin trafen ein und blieben bis zum 13. Dezember. Dann zogen sie weiter nach Berlin.

Donnerstag, 10. November 2011 *Vor 230 Jahren anno 1781* ward dies ein Sonnabend. Ich philosophierte derweil in Potsdam über das **Papsttum**. Der von mir sehr geschätzte Benedikt der XIV., der die katholische Kirche reformierte und aufklärerischen Gedanken sehr positiv gegenüberstand, war leider schon lange verstorben. Seine Nachfolger hatten nicht sein Format und ich sah die Rolle des Heiligen Vater zu Rom sehr kritisch. Ich schrieb nun darüber an ***d'Alembert***: *„**Der Stuhl des heiligen Petrus war auf den idealischen Credit der Bank des Vatikans gegründet; aber die Wechsel, zahlbar in der andern Welt, vierlieren jetzt auf der Börse, der Credit fällt, und obgleich diese Symptome noch keinen allgemeinen Bankrott anzeigen, so bringen sie doch das Publikum unvermerkt dahin.**“*

Freitag, 11. November 2011 *Vor 260 Jahren anno 1751* ward dies ein Donnerstag. Ich weilte in Potsdam.

Sonnabend, 12. November 2011 *Vor 230 Jahren anno 1781* ward dies ein Montag. Ich hielt mich in Potsdam auf und sooft in konnte, ging ich nach Sanssouci.

Sonntag, 13. November 2011 Volkstrauertag. *Vor 240 Jahren anno 1771* ward dies ein Mittwoch. ***Voltaire*** hatte mir Bücher geschickt. Heute antwortete ich ihm deshalb von Potsdam aus: „Als Ihre Bücher ankamen, hatte ich einen sehr heftigen Anfall von Podagra; Hände und Füße waren mir gebunden, geknebelt und erlahmt. Diese Werke waren eine sehr große Hülfe für mich. Da ich sie las, dankte ich dem Himmel tausend Mal, daß er Sie in die Welt geschickt hat.“

Montag, 14. November 2011 *Vor 265 Jahren anno 1746* ward dieser Tag gleichsam Montag. Gestern kam hier bei mir in Potsdam mein Freund und Akademiker ***Maupertuis*** zum Besuch an.

Dienstag, 15. November 2011 *Vor 265 Jahren anno 1746* ward dieser Tag gleichsam ein Dienstag und ich weilte in Potsdam.

Mittwoch, 16. November 2011 *Vor 230 Jahren anno 1781* ward dies ein Freitag. Heute kam zu mir in Potsdam der Minister ***Friedrich Wilhelm von Görne***.

Donnerstag, 17. November 2011 *Vor 235 Jahren anno 1776* ward dies ein Sonntag. Heute schrieb ich von Potsdam aus dem Präsidenten der **russischen Gesellschaft der Wissenschaften** in Petersburg, die mich um die Genehmigung bat, mich in ihre Reihen als Mitglied aufnehmen zu dürfen.

Freitag, 18. November 2011 *Vor 260 Jahren anno 1751* ward dies ein Donnerstag. In Potsdam bei mir kam heute der spanische Oberst Marquis ***Ulloa*** an.

Sonnabend, 19. November 2011 *Vor 230 Jahren anno 1781* ward die ein Montag. Ich ging von Potsdam aus meinen Regierungsgeschäften nach.

Sonntag, 20. November 2011 *Vor 265 Jahren anno 1746* ward dieser Tag gleichsam ein Sonntag, an dem ich in Potsdam weilte.

Montag, 21. November 2011 *Vor 260 Jahren anno 1751* ward dies ein Sonntag. Morgen reiste ich zu Amtsgeschäften nach Berlin, doch heute verbleibe ich noch in Potsdam.

Dienstag, 22. November 2011 *Vor 265 Jahren anno 1746* ward dieser Tag gleichsam ein Dienstag, an dem ich in Potsdam residierte.

Mittwoch, 23. November 2011 *Vor 260 Jahren anno 1751* ward dies ein Dienstag. Ich weilte von Berlin kommend in Potsdam.

Donnerstag, 24. November 2011 *Vor 265 Jahren anno 1746* ward dieser Tag gleichsam ein Donnerstag. Heute kam ich von Berlin aus in Potsdam an.

Freitag, 25. November 2011 *Vor 260 Jahren anno 1751* ward dies ein Donnerstag. Es besuchten mich heute in Potsdam ***Algarotti***, ***Voltaire*** und ***Senac***, der „Commissär der Französischen Flotte“. Desgleichen erschien bei mir erneut der Spanische Oberst und Kommandeur der Kriegsschiffe ***Don Antonio d’Ulloa***. Er wurde belgeitet von seinem Bruder ***Don Fernando d’Ulloa*** und vom Chevalier ***Don Joseph d’Ascarlatio da Salvador di Medina***.

Sonnabend, 26. November 2011 *Vor 265 Jahren anno 1746* ward dieser Tag gleichsam ein Sonnabend. Heute erschien bei mir zu Besuch in Potsdam mein Freund ***Fouqué*** aus Glatz.

Sonntag, 27. November 2011 *Vor 265 Jahren anno 1746* ward dieser Tag gleichsam ein Sonntag. Mein Freund ***Fouqué*** leistete mir heute in Potsdam Gesellschaft.

Montag, 28. November 2011 *Vor 265 Jahren anno 1746* ward dieser Tag gleichsam ein Montag, an dem ich mich in Potsdam befand, aber schon bald nach Charlottenburg abreisen werde.

Dienstag, 29. November 2011 *Vor 235 Jahren anno 1776* ward dies ein Freitag. Jetzt wo das Wetter in Potsdam schlechter geworden ist, plagten mich alle meine Krankheiten und Gebrechen.

Heute schrieb ich meinem Brieffreund ***d‘Alembert*** über meine Erkenntnisse über die Toleranz: „Ja, Frankreich besitzt Philosophen, aber ich behaupte, daß der größte Theil der Nation abergläubischer ist, als irgend ein Volk in Europa. Kurz, hundert Beispiele zeigen, daß der unglückliche Sauerteig des Fanatismus noch in Frankreich gährt, und daß er sich unter allen Europäischen Ländern dort am längsten erhalten wird. ***Dank sei dem Faktum, daß Deutschland von Tage zu Tage duldsamer wird.***“

Mittwoch, 30. November 2011 *Vor 245 Jahren anno 1766* ward dies ein Sonntag. Ich weilte in Potsdam. Derweil erreichten mich Nachrichten über Unruhen aus meinem fernen Fürstentum „**Neuchatel**, wo man gegen die fernere Verpachtung der Einkünfte, wie sie schon seit 1749 eingeführt war, protestirte“. Das dortige

Steuersystem funktionierte nun fast 20 Jahre reibungslos, nun stand seit Mai die Neuverpachtung an. Urplötzlich hagelte es Bedenken gewisser verantwortlicher Leute in der Stadt Neuenburg. Sie schürten hartnäckig den Widerstand gegen die erfolgreich approbierten Steuerverpachtungen. Ich stellte sogar fest, es kam dort zu einer für preußische Lande unverständlichen und nicht hinnehmbaren Verquickung von Staatsämtern und Geschäftsinteressen.

Der Dezember
- lateinisch Decembris und altdeutsch Julmond

Die kalten Tage im Dezember verbrachte ich, soweit ich in Potsdam residierte, im von mir neu renovierten Stadtschloss.

Wenn es draußen Stein und Bein fror, wurde drinnen in den Hofküchen deftig gekocht. Kraut und Rüben, Lauch und Rosenkohl kamen nun auf den königlichen Tisch. Das heimische Gemüse dominierte die Küche. Es fehlte auf des Königs Tafel nicht die Weihnachtsgans mit Apfel-Birnen-Rotkohl. Ebenso servierten die Hofköche Schwarzwurzeln, wohlschmeckend und bekömmlich mit Fleisch, Schinken und Käse. Einstmals als Spargelersatzgemüse verleumdet, doch mir galt dieses Gemüse durchaus als kulinarischer Genuss. Schwarzwurzeln schmeckten nicht nur pur in Butter gebacken, sondern sie kamen auch im Teigmantel auf des Königs Teller.

Kulinarisch betrachtet war der Dezember der geheimnisumwobenste und schönste Naschmonat des Jahres. Würzig duftende Bratäpfel und Teepunsch verbreiteten überall ihren Wohlgeruch. Kandierte Früchte, besonders wenn Kirschen dabei waren, erfreuten meinen Gaumen. Die saftige Schneewittchentorte mit reichlich Sauerkirschen und Quark ward gern zur Kaffee- und Teezeit am Nachmittag serviert. In der Adventszeit hatte die Hofbäckerei Hochbetrieb. Es wurden nicht nur in Sachsen Stollen gebacken. Auch im Kurfürstentum Brandenburg hatte der Stollen Tradition. Die weiß gepuderten Christstollen symbolisierten das in der Wiege liegende und in Windeln gewickelte Christuskind. Mohrrübchenkuchen, Gebäck mit Marzipan wurde bereitet. Es gab viele Köstlichkeiten mit Mandeln, Rosinen und Pistazien. Pfefferkuchen, das mit Pfeffer gewürzte Honiggebäck, galt als sehr kostbar, denn Pfeffer ward anno dazumal ein besonders teures Gewürz.

In Wald und Flur hielten Dachse, Murmeltiere, Ziesel, Hamster und die Fledermäuse jetzt bereits ihren Winterschlaf. Der Stoffwechsel wurde nur durch ihre Fettreserven aufrechterhalten. Demgegenüber war das Eichhörnchen ganz fidel. Es sprang auf den Bäumen umher und lebte von den Schätzen, die es im Herbst versteckt hatte.

Königliche Silvesterfeier

Dezember-Geschichte:

Potsdam, 31. Dezember 1746 vor 265 Jahren:

Silvesternacht in Potsdam

In Berlin wurde der Silvestertag groß gefeiert, doch mich zog es in die Einsamkeit nach Potsdam. Der große Maskenball, genannt Redoute, war in meinem königlichen Opernhaus „Unter den Linden“ zu Berlin noch nicht beendet, da verschwand ich still und heimlich in meine kleine Residenzstadt Potsdam. In Berlin wurde noch auf allen Ebenen und in allen Ecken der Oper getanzt, gegessen und gespielt. Doch ich passte einen günstigen Moment ab, um mich von dieser Festveranstaltung zu entfernen. Noch in der angebrochenen Nacht erreichte ich Potsdam, wo ich den Übergang zum neuen Jahr zurückgezogen genießen konnte. Das alte Jahr war ein Friedensjahr, und wenn Gott und Maria Theresia es wollten, dann sollte es auch im neuen Jahr friedvoll bleiben.

In mich gekehrt erwartete ich in meinen Königskammern im Potsdamer Stadtschloss das neue Jahr. Da amüsierte ich mich auf eigene Art. Ich träumte von meinem Lusthaus auf dem Weinberg von Potsdam. Es entstand in Gedanken und Werken auf dem Wüsten Berg, ganz oben auf höchster Stelle, gleich da, wo ich mir kürzlich meine Gruft errichtet hatte. Ich sagte mir, wenn ich da deroeinst ruhe, dann werde ich sorgenfrei sein. Deshalb bekam das Lustschloss den Namen Sanssouci. Es wird im neuen Jahr fertiggestellt sein. Im letzten Jahr hatte die Grundsteinlegung stattgefunden und der Bau wurde trotz aller Unstimmigkeiten mit meinem Baumeister Georg Wenzeslaus von Knobelsdorff zügig vorangetrieben. Unter der Bauleitung von Johann Boumann war der Ostflügel weit gediegen. Im kommenden Mai konnte ich zur Einweihungsfeier laden. Sanssouci sollte mein privates Refugium werden. Kein pompöses Regierungsschloss wurde da gebaut, sondern mein kleines Weinbergschlösschen bestand nur aus einigen wenigen Wohn- und Gästezimmern.

Anno 1746 fiel Silvester auf einen Sonnabend und der erste Tag des neuen Jahres ist ein Sonntag. So verblieb ich im Potsdamer Stadtschloss und ging erst wieder am Montag meinen königlichen Amtsgeschäften in Berlin nach.

Doch noch bevor ich Silvester feierte, erteilte ich meinen Minister Cocceji ausdrücklich den Auftrag, das Rechtswesen in Preußen zu verbessern. Es sollte „ein Teutsches Allgemeines Landrecht“ geschaffen werden, welches auf Vernunft und Landesverfassung aufzubauen hatte. Das galt es „zu verfertigen“ und sobald mir vorzulegen. Ebenso wurde mit heutigem Datum als Anfang der neuen Justizreform verkündet: „Prozesse“ sollten „nach Se. Majestät“ vorgeschriebenen Plan in einem Jahre in allen „Instanzien“ zu Ende gebracht werden“.

Donnerstag, 1. Dezember 2011 *Vor 260 Jahren anno 1751* ward dies ein Mittwoch. Ich weilte in Potsdam und ging erst in vier Tagen nach Berlin, wo ich sodann mehr oder weniger die nächsten Wochen verbringen musste.

Freitag, 2. Dezember 2011 *Vor 245 Jahren anno 1766* ward dies ein Dienstag. Ich weilte in Potsdam und ließ heute ein „Edict, betreffend **das Schuldenmachen der Offiziere**“ verkünden.

Sonnabend, 3. Dezember 2011 Vor 235 Jahren anno 1776 ward dies ein Dienstag. Ich verharrte die nächsten Wochen in Potsdam, ganz im Gegensatz zu den früheren Jahren, wo ich meistens um diese Jahreszeit bereits in Berlin weilte.

Sonntag, 4. Dezember 2011 *Vor 260 Jahren anno 1751* ward dies ein Sonnabend. Ich hielt mich in Potsdam auf und es kamen heute der ***Herzog*** und die ***Herzogin von Braunschweig*** mit ihrer Tochter ***Karoline*** bei mir an.

Montag, 5. Dezember 2011 *Vor 230 Jahren anno 1781* ward dies ein Mittwoch. Ich verweilte in Potsdam und begab mich erst zu Weihnachten nach Berlin.

Dienstag, 6. Dezember 2011 *Vor 235 Jahren anno 1776* ward dies ein Freitag, an dem ich mich in Potsdam aufhielt.

Mittwoch, 7. Dezember 2011 *Vor 240 Jahren anno 1771* ward dies ein Sonnabend. Ich kam heute von Berlin nach Potsdam.

Donnerstag, 8. Dezember 2011 *Vor 245 Jahren anno 1766* ward dies ein Montag. Kammerherr ***Georg Ludwig von Edelsheim*** kam heute aus Baden zu mir nach Potsdam. Er stand damals in meinen diplomatischen Diensten.

Freitag, 9. Dezember 2011 *Vor 235 Jahren anno 1776* ward dies ein Montag, an dem ich mich in Potsdam befand.

Sonnabend, 10. Dezember 2011 *Vor 235 Jahren anno 1776* ist dies ein Dienstag. Ich weilte in Potsdam und ging in diesem Dezember nicht nach Berlin. Derzeit erwartete ich den Besuch des katholischen Bischofs ***Ignatius von Krasicki***.

Sonntag, 11. Dezember 2011 *Vor 235 Jahren anno 1776* ward dies ein Mittwoch, an dem ich in Potsdam weilte.

Montag, 12. Dezember 2011 *Vor 230 Jahren anno 1781* ward dies ein Mittwoch und ich residierte deroeinst in Potsdam.

Dienstag, 13. Dezember 2011 *Vor 240 Jahren anno 1771* ward dies ein Freitag. Die Berliner Hoffeste lockten vor Weihnachten viele Gäste an. Doch ich zog es vor, in Potsdam zu bleiben.

Mittwoch, 14. Dezember 2011 *Vor 240 Jahren anno 1771* ward dies ein Sonnabend. Ich befand mich in Potsdam, ging aber noch selbigen Tags nach Berlin, wo morgen der **Karneval** begann.

Donnerstag, 15. Dezember 2011 *Vor 235 Jahren anno 1776* ward dies ein Sonntag, an dem ich in Potsdam verweilte.

Freitag, 16. Dezember 2011 *Vor 230 Jahren anno 1781* ward dies ein Sonntag. Ich genoss den Tag in Potsdam.

Sonnabend, 17. Dezember 2011 *Vor 245 Jahren anno 1766* ward dies ein Mittwoch. Ich begab mich samt Gefolge heute von Potsdam aus nach Berlin, wo ich den erkrankten ***Johann Dietrich von Hülsen*** besuchte und an den beginnenden **Karnevalsfeiern** teilnahm.

Sonntag, 18. Dezember 2011 *Vor 230 Jahren anno 1781* ward dies ein Dienstag, den ich in Potsdam verbringen durfte.

Montag, 19. Dezember 2011 *Vor 230 Jahren anno 1781* ward dies ein Mittwoch, an dem ich in Potsdam blieb.

Dienstag, 20. Dezember 2011 *Vor 235 Jahren anno 1776* ward dies ein Freitag. Ich verblieb jetzo und die Festtage in Potsdam. In Berlin mussten sie dieses Jahr den Karneval ohne mich feiern und auch zu Weihnachten und Silvester zog ich vor, mich in Potsdam zu erholen. Erst im neuen Jahr begab ich mich in meine Berliner Residenz. Im November hatte ich eine Knieoperation. Deshalb zog ich vor, mich in Potsdam zu regenerieren.

Mittwoch, 21. Dezember 2011 Vor 235 Jahren anno 1776 ward dies ein Sonnabend, an dem ich mich in Potsdam aufhielt.

Donnerstag, 22. Dezember 2011 *Vor 265 Jahren anno 1746* ward dieser Tag gleichsam ein Donnerstag. Ich weilte in Potsdam und erst morgen reiste ich nach Berlin, wo die königliche Familie auf mich wartete.

Donnerstag, 22. Dezember 2011 *Vor 235 Jahren anno 1776* ward dies ein Sonntag und ich verbrachte ihn in Potsdam.

Freitag, 23. Dezember 2011 *Vor 270 Jahren anno 1741* ward dies ein Sonnabend. Weihnachten stand vor der Tür. Ich ging heute von Berlin aus nach Potsdam, erst am 1. Weihnachtstag kehrte ich wieder nach Berlin zurück.

Sonnabend, 24. Dezember 2011 Heiligabend. *Vor 270 Jahren anno 1741* ward dies ein Sonntag. Ich beging diesen Tag in Potsdam und fuhr erst morgen nach Berlin.

Sonntag, 25. Dezember 2011 Weihnachten. *Vor 235 Jahren anno 1776* ward dies ein Mittwoch. Dieses Jahr feierte ich das Weihnachtsfest in Potsdam. Es waren Neffe Kronprinz ***Friedrich Wilhelm*** und seine zweite Frau bei mir zur Tafel. Letztes Jahr wurde mein Neffe Vater, nachdem er auf meinen Wunsch hin ***Friederike Luise*** von Hessen-Darmstadt geheiratet hatte.

Es gibt auch dieses Jahr **Weihnachtsgeschenke** zu verteilen. Ich schenkte dem General ***von Ramin*** ein schönes Pferd mit kostbarem Sattel und Zeug, dem württembergischen Minister Baron ***Eberhard von Kniestädt*** bei der Verabschiedung eine **Tabatiere** mit Brillanten besetzt, und dem Geheimrat ***von Brenckenhoff*** zwei Einsiedeleien: Brenkenhofsthal und Papsteinsthal, bei Lauenburg in Pommern. Außerdem verlieh ich der Äbtissin und den „Chanoinessen“ des kurfüstlichen Damenstifts **Heiligengrabe** aus besonderer Gnade die Berechtigung, außer dem herkömmlichen Ordenszeichen noch einen auf der linken Seite des Kleides eingestickten Stern zu tragen.

Montag, 26. Dezember 2011 Weihnachten. *Vor 260 Jahren anno 1751* ward dies ein Sonntag. Den heutigen zweiten **Weihnachtsfeiertag** verbrachte ich dieses Jahr in Potsdam. Morgen ging ich dann zur königlichen Familie nach Berlin.

Dienstag, 27. Dezember 2011 Vor 235 Jahren anno 1776 ward dies ein Freitag und ich verweilte in Potsdam.

Mittwoch, 28. Dezember 2011 *Vor 235 Jahren anno 1776* ward dies ein Sonnabend. Ich befand mich in Potsdam.

Donnerstag, 29. Dezember 2011 *Vor 235 Jahren anno 1776* ward dies ein Sonntag. Ich weilte in Potsdam und verharrte hier die nächste Zeit, wo ich zurückgezogen Silvester feierte.

Freitag, 30 Dezember 2011 *Vor 235 Jahren anno 1776* ward dies ein Montag. Damals sah ich in Potsdam der Jahreswende entgegen.

Sonnabend, 31. Dezember 2011 Silvester. *Vor 265 Jahren anno 1746* ward dieser Tag gleichsam ein Sonnabend. Von Berlin aus ging ich heute nach Potsdam. Dort wartete meine private Silvesterfeier auf mich.

Register:

aller wichtigen Orte, Bauten, Straßen, Plätze, Ereignisse und *Personen* (*Personenamen kursiv*)

A

B

C

D

E

F

G

H

I

J

K

L

M

N

O

P

Q

R

S

W

XYZ

Buchempfehlungen

Olaf Kappelt **"Spaziergang mit Friedrich dem Großen - Vom Stadttor zum Geburtsort des Königs"**. Berlin historica Verlag. Berlin 2008. ISBN 978-3-939929-10-9

Olaf Kappelt **"Friedrich der Große: Meine Koch- und Küchengeheimnisse"**. Berlin historica Verlag. Berlin 2009. ISBN 978-3-939929-13-0

Olaf Kappelt **"Als Neuenburg und Valangin noch bei Preussen waren, vor 300 Jahren"**. Berlin historica Verlag. Berlin 2008. ISBN 978-3-939929-08-6

Olaf Kappelt **„Berlin Kalender Friedrichs des Großen für das Jubiläumsjahr anno 2011"**. Berlin historica Verlag. Berlin 2011. ISBN 978-3-939929-15-4

Olaf Kappelt **„Reise Kalender Friedrichs des Großen - für das Jubiläumsjahr anno 2011"**. Berlin historica Verlag. Berlin 2011. ISBN 978-3-939929-17-8

Hegermann, Burkhard **"Wegweiser durch die Friedrich-Jubiläumsliteratur"**. Berlin historica Verlag. Berlin 2011. ISBN 978-3-939929-14-7

Szenischer Spaziergang, Tafelrunde und Reichstagsbesuch mit Friedrich dem Großen ganzjährig buchbar

Historienauftritt mit dem Schriftsteller Dr. Olaf Kappelt verkleidet als Friedrich II. durch Berlin. Wahlweise mit Reichstagsbesuch und/oder Spaziergang mit königlicher Tafelrunde in Potsdam -Sansoucci.

· öffentliche und exklusive Termine bei jedem Wetter
· Exklusivtermine auch in englischer Sprache möglich

Frühzeitige Reservierung erforderlich unter: www.koenig-friedrich.de
Telefon: 030-450 238 74 / mobil: 0175-950 74 36 / fax: (030) 45 02 41 67

Sie sparen 15 Euro:

☐ **Ja**, ich moechte das dreibändige Kalenderwerk Friedrichs des Großen (Bd. 1: Berlin Kalender, Bd. 2: Potsdam Kalender, Bd. 3: Reise Kalender) in den Folgejahren regelmäßig zugeschickt bekommen. Die Belieferung kann ich jederzeit wiederrufen. Geliefert wird per Nachnahme jeweils Ende November des Vorjahres zum Subskriptionspreis von 14,80 Euro anstatt 19,80 Euro je Band (plus Porto/Versand).

Name und Anschrift: ....
(bitte in Druckbuchstaben) ....
....
Telefon-Nr.: ....

Bitte senden Sie Ihre Bestellung an: **BHV *Berlin historica***
Verlags- und Agenturgesellschaft mbH
Avenue Charles de Gaulle 8a
13469 Berlin
Telefax: 030 - 450 241 67
